Rudolf Kohoutek

WIENER GRUND

Rudolf Kohoutek

WIENER GRUND

Vermessung
einer Liebe zur
Stadt

Fotografien
und Texte

*Weihnachten '17
von Becka*

PARK BOOKS

Texte	7	Fotografieren in Wien
	49	Lebenslauf meiner Stadtwahrnehmung
	87	Das optische Unbewusste der Stadt
	129	Mach dir kein Bild von Wien
	169	Der ästhetische Mehrwert des Verfalls
	207	Wiener Grund

Fotografien	16	Erdgeschosse
	58	Historismen
	96	Surrealismen
	140	Heterotopien
	178	Materialien

Anhang	219	Literatur
	223	Biografie
	224	Impressum

Fotografieren in Wien

Ich mag verschiedene Seiten von Wien, besonders Seiten, die ich gerne fotografiere. Es fällt mir schwer, mir vorzustellen, was visuell komplexer und schöner sein könnte als die Stadt. Aber dieses Wien ist auch mit Trauer, Trennung und Verlust verbunden.

»Ich wollte es aufzeichnen, bevor es sich völlig veränderte« schreibt Berenice Abbott im Vorwort zu ihrem 1939 erschienenen Bildband *Changing New York*.[1]

Dazu kommt, dass Fotografieren eine Sucht wie jede andere ist. Die Fotografien sind Dokumente einer Verwunderung und eines genau(er)en Schauens. Die Stadt ist zwar nicht zum Schauen gemacht. Die Stadt spielt auf Zeit, das kostet sie das Leben. Schöne Städte hatten strenge Regeln, aber es waren Regeln der Geometrie, es ging um Netze für Bewegungen und um Bauplätze. Und um die Repräsentation des jeweiligen »Zentrums«.

[1] Susan Sontag: *Über Fotografie*, Fischer, Frankfurt/M. 2010, S. 70

Aber es gibt immer auch andere Zonen. Die Wände sind da und dort noch dunkel. Es gibt noch letzte Winkel, in die eine wohlmeinende Sanierung nicht vorgedrungen ist: »Wieso ist den Menschen eigentlich passiert, was ihnen passiert ist?«[2]

Das Paris der Existentialisten und das Paris von heute, das Rom Pasolinis und das Rom von heute. Das New York von Andy Warhol und das New York von heute. Das Wien von Helmut Qualtinger und das Wien von heute. Auch Berlin und Paris waren schon einmal dunkler.

»Auf welcher Seite stehst du?«[3]

>   Auf Seiten der Chemie des Verfalls?
>   Der Signaturen der Unterentwicklung?
>   Des Stadtraums als Zeitspeicher?
>   Der diagrammatischen Oberfläche der Stadt?
>   Der nicht abgrenzbaren Übergänge von Natur, Technik und Kultur?
>   Hybrider Räume und Objekte?
>   Einer Ästhetik als interesselosem Wohlgefallen?
>   Der Unwillkürlichkeit des Stadtbildes?

Die Stadt zeigt mehr als sie will. Die Oberfläche ist die Tiefe.

Ein Sommersonntag bei schönem Wetter ist die beste Zeit, um die Wände, Tore und Fenster der sogenannten Erdgeschosszonen zu fotografieren, weil viele Menschen hinaus ins Grüne gefahren sind und keine geparkten Autos den Blick auf die Häuser verstellen.

Der fotografische Blick auf die fürs Erste unbedeutend erscheinenden Kellerfenster, asozial. Abblätterndes Mauerwerk. Ich gehe allein fotografieren, in einem selbst kaum bewussten Gang, einem Halten und Schauen, einem kleinen Vor und Zurück, in Schritten zur Seite: kein Problem, solange ich noch rauchen darf. Melancholie der großen Stadt.

Es gibt kein vorgängiges Programm, jedenfalls kein bewusstes. Jede sichtbare Veränderung an den Hausmauern entlang des Gehsteigs bietet die Möglichkeit, unsere optischen Wunschbesetzungen dem jeweiligen Zustand

---

[2] Dietmar Dath: *Die Abschaffung der Arten*, Suhrkamp, Frankfurt/M. 2008, S. 13
[3] William S. Burroughs: *Naked Lunch* (Die ursprüngliche Fassung), Rowohlt, Reinbek bei Hamburg 2011, S. 302

der Dinge anzupassen: Der Nachfahre des Flaneurs ist ein zentrifugales Wesen, das die eigene Welt verlassen hat und in die Welt der feinen Unterschiede eintaucht. »In der weichen grauen Tönung [...] fand für mich die ganze Einzigartigkeit des physischen, geistigen und seelischen Daseins Raum.«[4]

Es geht aber weiter, und ich dachte, dass die ganze Stadt aus nichts anderem besteht als aus diesen endlosen Schnittstellen zwischen öffentlich zugänglichen Räumen und privaten Parzellen: Fassaden, Häuser, Zäune, Gärten, selektive Blicke ins Innere des Privateigentums.

Geschichte der Stadt, Parabeln der Vorstadt: Absterben der kleinen Läden, Verwahrlosung der Erdgeschosszonen und Kellereingänge, Reste alter Holzportale, die nicht mehr gebraucht werden. Feuchtigkeit, Abblätterungen. Schüchternes, aber zähes »kleines Grün« zwischen Ritzen und Fugen. Armut macht schön.

Nachlässige Instandhaltung vieler Häuser mit den krassesten Unterschieden von Zustand und Geruch der Innenhöfe. Frische Fassaden als Schmuck der Braut für den Dachausbau. Die große und die kleine Sanierung. Wie die Leute Spielräume finden, ein Schild anbringen, ein Kabel verlegen, einen Ventilator einbauen; geringfügige Illegalitäten der Baukultur.

Die Fenster, der Himmel der Stadt, Zerrspiegel für die gegenüberliegenden Häuser und Bäume. Endlose Sequenz von Toren und Fenstern, die Galerie des 19. und 20. Jahrhunderts. Muster des Abbröckelns, vermischt mit Vorstadtjugendstilmotiven und Graffiti. Blumen, Blätter, Ranken. Wie die Fassaden des Historismus sich auf der Skala von Arm und Reich ausgeprägt haben. Pendelbewegung zwischen Zinskaserne und Ringstraßenpalais. Ambitionen einzelner Gründerzeithausherren mit baukünstlerischem Anspruch, in Architekturführern archivierte Singularitäten. Eingestreut niedrige Biedermeierhäuser, die auf ihren Abbruch warten, dazwischen denkwürdige neue Architektur.

Straßenverkehrsordnung, Verbote und Hinweise, Werbeschriften. Essiggurkenerzeugung, Notar. Und die Litanei der fünf großen Ketten: Billa, Bipa, Anker, Hofer und Spar. Vorstadt Europa. Hauptbahnhof.

»Sichtbar ist das Soziale aber nur in den *Spuren*, die es hinterlässt (im Verlauf von Erprobungen, Versuchen), wenn eine neue Assoziation zwischen Elementen hervorgebracht wird, die selbst keineswegs ›sozial‹ sind.«[5]

---

[4] Marcel Proust: *Die Welt der Guermantes. Auf der Suche nach der verlorenen Zeit*, Dritter Teil, Band II, Suhrkamp, Frankfurt/M. 1982, S. 458
[5] Bruno Latour: *Eine neue Soziologie für eine neue Gesellschaft*, Suhrkamp, Frankfurt/M. 2007, S. 22

Die Oberflächen der Stadt: Zur Arbeit gehen, flanieren, shoppen, fotografieren. »Bewegungen und Ortsveränderungen kommen zuerst, Orte und Umrisse später.«[6] Mit der Kamera sich die Stadt vom Leib halten, Bilder sammeln wie Bücher und Antiquitäten.

»Man muss eine lokale Methode für ein lokales Problem erfinden. [...] Die besten Lösungen sind daher lokal, singulär, spezifisch, angepasst, originell, regional. [...] Der singuläre Stil kommt von der Geste, vom Vorgehen, von der Reise, der Route, vom Risiko, ja von der spezifischen Einsamkeit, die man akzeptiert.«[7]

Hernals war zwischendurch weit weg. Die Verwandten waren verstorben, andere waren weggezogen. Erst viel später kam Hernals ungefragt wieder zurück, mit B., in einer Quergasse zur Gasse meines Vaters, sanft ansteigend nach Norden, zur Anhöhe an der Bezirksgrenze.

Die emotionale Besetzung von Hernals war schon grundgelegt, konkrete räumliche und dingliche Erinnerungen allerdings kaum und wenn, dann meist vermischt mit Erzählungen. Die Erzählungen der Vorstadt sind immer zirkulär, nicht die große Geschichte: Dass fast jeden Samstag das Bassena-Haus meines Vaters nahezu vollzählig in der ersten oder zweiten Reihe – das waren die billigsten – in der Frühabend-Vorstellung im Kino am Hauptplatz versammelt war; dass die Tante aus dem ersten Stock mit einem Kuchen vorbeikam, als wir zur Jause rund um das Doppelbett im Zimmer saßen, weil das Kabinett die Schneiderinnenwerkstatt der jüngsten Tante war; dass das Klosett durch die Küche am Gang zu erreichen war; dass der Bruder des Onkels aus Amerika zu Weihnachten einen Lampenschirm aus Bast und eine nackte »Negerin« geschickt hatte, die auf einem Tischchen unter der Stehlampe ihren Platz fand.

Die Kostbarkeiten der Vorstadt sind dann allmählich verschwunden. Die kleinen Kaffeehäuser wurden durch »Espressos« abgelöst, die meisten der zahlreichen Eckgasthäuser existieren nicht mehr. Eingestreut hatte es »gutbürgerliche« Gasthäuser gegeben, in denen die lokale Oberschicht der Gewerbetreibenden und Geschäftsleute verkehrte. Geblieben ist ein Weinhaus an der

6 \ Ebd. S. 353
7 \ Michel Serres: *Aufklärungen. Fünf Gespräche mit Bruno Latour*, Merve, Berlin 2008, S. 137–141

Hauptstraße. Einige Lokale der neuen Gastronomie experimentieren mit einer Belebung des Viertels. Was ist der Virus vergangener Zeiten gegen den Bazillus von Neuheiten in der Vorstadt: neuen Geschäftsportalen, Auslagengestaltungen, Automatensalons und den »Kreativen«, die leerstehende Erdgeschosslokale in Besitz nehmen?

Jedenfalls war die Stadt immer zu groß für genauere Wahrnehmungen, alles war – und ist – immer nur im Vorübergehen präsent, wie in experimentellen Video-Filmen von jeweils 10 oder 210 Minuten: mit einer Endlosschleife von Mustern in Augenhöhe. Für Kinder dürfte es sich von selbst ergeben haben, dass – aus urbanem Desinteresse – immer nur bestimmte Abweichungen deutlicher hervortraten, wie die Auslagen von Papier- und Spielzeuggeschäften, die Auslagen eines Fleischhauers oder der Einblick in einen Friseursalon, Lebensmittelpunkte der Vorstadt.

Gewiss hatte ich früher nie daran gedacht, dass ich diese Schauplätze später mit dem Auto bei Tag und Nacht befahren würde und dass sich die Vorstadt in ein System von Einbahnen verwandeln könnte. So bleibt eine Gasse keine Gasse, trotz der identischen Worthülse, wie auch die Stadt nie mehr dieselbe Stadt bleibt. Stadt ist Veränderung, wie es Politik und Planung gerne ausdrücken.

Das Viertel meiner Kindheit zu fotografieren hat nicht funktioniert. Es gibt viele innere Bilder, aber nicht nur äußerlich hat sich zu viel verändert. StadtbewohnerInnen sind nicht dafür präpariert, Räume und Baulichkeiten zu vermessen, zu speichern und zu reflektieren. Übrig bleibt nur eine »innere Stadt« in der mentalen Landkarte von geometrischen Figuren, weitgehend ohne präzise Schnappschüsse einzelner Bilder. »Wenn man die Stiege sah, ganz in unerbittlicher Ruhe, unpersönlich und farblos, eine Stiege, die nicht die geringste Spur der Leute, die über sie gelaufen waren, nicht die geringste Erinnerung an sie bewahrt hatte.«[8] »Ist es möglich, sich diesen Ort als von menschlicher Wahrnehmung unverformt zu denken?«[9]

8 \ Nathalie Sarraute: *Tropismen*, Klett-Cotta, Stuttgart 1985, S.18
9 \ Mark Z. Danielewski: *Das Haus*, btb/Random House, München 2009, S. 219

Kellerfenster, Eisentür. Abstieg zu den Kohlen. Lager zu mieten. Die Kamera aus der Tasche, niemals touristisch umgehängt. Aufnahme gemacht, kaum hingeschaut. Immer die blinde Hoffnung, dass es gut geht. Später dann die Fotodateien runterladen, Sichtung am Bildschirm. Andermal Gras zwischen Gehsteig und Mauer. Ritzen. Was ich da fotografiere? Versteht er nicht. Bin nicht von der Agentur, will nichts kaufen oder verkaufen, nur Bilder sammeln. Wolken reißen auf, wie man sagt, das Licht ist zu grell, Schattenspiele sind nicht gefragt, der Akku blinkt, fast leer, raus damit, den Reserve-Akku rein. Zeitverschoben weitergehen, Eckhaus für Kubisten.

Zeitwörter klopfen an, erinnern an das Desaster, als sie hier aus dem Auto sprang und verschwand: Meditation in Grau. Rostränder und Vogelspuren, hinter dem Vorhang wird ferngeschaut. Eine Katze lugt auf die Straße. Eingangstor offen, Einfahrt mit Schaltkästen, Leitungen sorglos vergipst. Küchengeruch nach irgendwas, Misstrauen hinter einer Tür, also weg, keine Lust auf Erklärungen. Hier ist also mein Vater gegangen, mit sechs, als der Erste Weltkrieg begann. Seit wann hat man ihn den Ersten genannt? Andere Gasse, anderes Haus: Satte Bilder vom Innenhof, gelegentlich weiß man es sofort, leicht erhöhter Puls. Woanders ein schönes Portal von einem Auto verstellt, frontal geht nicht, also schräg, Wahl des Winkels. In Photoshop beschnitten, Hochformat drei zu vier, Randerzählungen abgetrennt, und wo bleibt da der Kontext? Kontrast plus vier, Helligkeit minus fünfzehn, ganz selten eine Farbkorrektur, mehr ist da nicht zu machen. Gästereste sitzen im Lokal. Einen kleinen Braunen. Toiletten sauber wie im Musikverein, nur eine andere Musik. Vorstadtkaffee mit Haltbarmilch.
Dann weiter, weiter, aber ohne Ziel.
Ein Bild kommt, wann es will.

Vielen Häusern merkt man es an, dass sie nicht oft fotografiert worden sind. Am Abend sind so viele Fenster ohne Licht, gelegentlich bläuliches Flackern, das nur vom Fernseher kommen kann. Erstaunlich wenige Fenster sind offen, wenn man bedenkt, dass die Gasse still und es sehr warm ist.

Vorstadträtsel, immer dasselbe, und man müsste sehr viel unterwegs sein und sehr genau beobachten, um sagen zu können, was hier anders ist, mehr oder weniger anders, als im angrenzenden Bezirk.

Auf der Straße gehen kaum Leute. Sie zeigen sich selten, immer in ihren Wohnungen versteckt, man sieht wenig Anomalien, obwohl das Normale so unauffällig ist, dass es schon nicht mehr normal ist. An Hochsommersonntagen sind die Parkstreifen leer, die vielen Autos verschwunden, im Wienerwald, auf dem Parkplatz vor einem Bad, auf dem Land oder daheim in Serbien oder in der Türkei. Da lassen sich Erdgeschosszonen endlos fotografieren, gesetzt, der Sonneneinfall stimmt und dass es sich zu fotografieren lohnt. Dazu schweigt die Vorstadt.

Vor sehr langer Zeit sollen hier mitten auf der Fahrbahn Buben Fußball gespielt haben, Mädchen wohl kaum. Die Mädchen waren vermutlich mit ihren Puppen beschäftigt, die immer so viel Arbeit machten, gefüttert oder frisiert werden wollten. Derselbe Aufwand, den heute ein Handy fordert.

Während ich das geschrieben habe, ist mir etwas anderes eingefallen: Das Alte und das Neue ist ein beliebtes Thema der Stadt, seit ewig, könnte man sagen, wenn damit nicht noch weniger klar wäre, was da *alt* ist und was *neu*.

Vorstadt an einem Sonntagnachmittag im Winter

In wenigen (europäischen) Großstädten ist es so naheliegend, von »Vorstadt« zu reden, wie in Wien: Eigenwelt, weder Zentrum noch Peripherie. Vorstadt ist ein historischer Begriff aus der Zeit vor den großen Stadterweiterungen. Insofern als diese Vorstädte in ihrer Prägung ursprünglich/überwiegend älter waren, ist für das gegenwärtige Wien der Begriff Vorstadt bau- und stadthistorisch nicht mehr ganz korrekt.

Wien ist aber durch seine monozentrische Kreisfigur in die meisten Richtungen (außer in Richtung Donau) so präzise durch Radial- und Tangentialstraßen orientiert, dass sich keine weiteren Zentren und urbanen Verdichtungen außerhalb der Inneren Stadt entwickelt haben. Aus diesem Grund nimmt der Vorstadtcharakter graduell mit der Entfernung von der Ringstraße zu. Auch den nobleren Bezirken wie Hietzing, Währing und Döbling sind gründerzeitliche Rasterviertel vorgelagert.

Das lokale Stadtleben in der Vorstadt ist gering. An einem Sonntagnachmittag im Jänner – es hat acht Grad plus und regnet leicht – wirken diese ausgedehnten Viertel eher als Aufbewahrungsraum für abgestellte Autos, Haustore, Fenster und gelegentliche Dachaufbauten. Die Wohnungen selbst sind ja nicht sichtbar, und Erdgeschosse mit erkennbarer Nutzung werden immer seltener, abgesehen von den wenigen Hauptstraßen, die auch am stillen Sonntag einigermaßen frequentierte Auto-Korridore sind.

Da man in den riesigen Zwischenräumen von Gassen und Baublöcken keinen nennenswerten Verkehr, kein Nachhausekommen, Ein- oder Ausparken erkennen kann, bleibt es ein Rätsel, woher die fahrenden Autos kommen und wohin sie unterwegs sind.

Ergebnis ausführlicher Beobachtungsstudien und Frequenzzählungen: Wenn du im Straßenraum ein bis zwei Personen siehst, ist das beruhigend und normal: Nullpunkt der Urbanität. Wenn in der Gasse / Straße keine einzige andere Person geht / zu sehen ist, wird es eng, aber noch nicht unbedingt beunruhigend, Science-Fiction Film der ruhigeren Sorte. Stadt nach dem Gau / Urban-Fiction der dritten Art.

Die bewegten Bilder sind in die digitalen Netze ausgewandert, so ist zu vermuten. An der Straßenbahnhaltestelle oder im Bus sieht man gesenkte Köpfe mit Blick auf die Bildschirme von Handys. Digitale Humankapseln von großer Zurückhaltung und Aufmerksamkeit.

Es wird allmählich dunkel, die Mehrzahl der Fenster ist unbeleuchtet, kleine Jausen und große Abende finden hier nicht statt. Hier wird am Abend ebenso wenig gewohnt wie bei Tag. Die Kinder spielen vielleicht hofseitig im Kabinett.

Grüne Ampeln locken, ziehen hier aber nur wenige Fahrzeuge an. Da und dort ein Baum, der dir signalisiert: du bist nicht allein. Vorstadt kontemplativ. Urbanität der Dämmerung. Weh dem, der kein Auto hat, in dem er seine mobile Wohnlichkeit feiern kann, draußen weht der Wind, dafür ist die Luft gut in Wien.

Erdgeschosse

XVIII., KREUZGASSE

XVII., ROSENSTEINGASSE

VIII., BLINDENGASSE

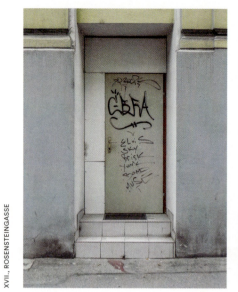

IX., LIECHTENSTEINSTRASSE
XVII., HERNALSER HAUPTSTRASSE
XVII., ORTLIEBGASSE
XVI., PANIKENGASSE
XVII., ROSENSTEINGASSE

XVIII., ANTONIGASSE
V., ZENTAGASSE
VIII., BLINDENGASSE

VI., MOLLARDGASSE
XVIII., HILDEBRANDGASSE
III., RADETZKYSTRASSE
IX., ROTENLÖWENGASSE

XV., GRAUMANNGASSE

XVI., ENENKELSTRASSE
XVII., ROSENSTEINGASSE
XV., KÜNSTLERGASSE

XVII., HERNALSER GÜRTEL
I., DOBLHOFFGASSE

XVII., HERNALSER GÜRTEL

VIII., LERCHENGASSE

VIII., ALSERSTRASSE

II., GLOCKENGASSE

30

SEITE 28: XVII., DORNERPLATZ
SEITE 29: IV., FAVORITENSTRASSE

XVI., KOPPSTRASSE
II., ARNEZHOFERSTRASSE
XVI., VERONIKAGASSE
XVIII., ANTONIGASSE

IV., MITTERSTEIG
XVI., STEINMÜLLERGASSE
VIII., BUCHFELDGASSE

VII., BURGGASSE
VI., AEGIDIGASSE
III., ASPANGSTRASSE

VII., WESTBAHNSTRASSE
XV., GRENZGASSE
I., SALVATORGASSE

VII., NEUBAUGASSE

V., HAMBURGERSTRASSE

XVII., JÖRGERSTRASSE

XVII., HERNALSER GÜRTEL

XVII., LACKNERGASSE

XIX., HEILIGENSTÄDTER STRASSE
XVII., HERNALSER HAUPTSTRASSE
II., HELENENGASSE
I., WIESINGERSTRASSE

VIII., STROZZIGASSE
VIII., JOSEFSTÄDTERSTRASSE
XVII., HERNALSER HAUPTSTRASSE
V., KRONGASSE
IX., BORSCHKEGASSE

XV., GRENZGASSE
VIII., FLORIANIGASSE
IV., KLAGBAUMGASSE
XVII., HERNALSER GÜRTEL

XVII., ROSENSTEINGASSE
XV., MÄRZSTRASSE

VII., BURGASSE

II., GROSSE SCHIFFGASSE

XV., HUGLGASSE
II., GROSSE SCHIFFGASSE
IX., LAZARETTGASSE

XIX., HEILIGENSTÄDTER LÄNDE

II., HANDELSKAI

XX., ADOLF-GSTÖTTNER-GASSE

XVII., HERNALSER HAUPTSTRASSE

XVII., GEBLERGASSE

VIII., LEDERERGASSE

VI., LINKE WIENZEILE

VIII., PIARISTENGASSE

Lebenslauf meiner Stadtwahrnehmung

Es lässt sich nicht leugnen, dass mich die dunkelsten Häuser, die am meisten abgeblätterten Hausmauern, die rostigsten Gitter vor Kelleröffnungen mit gelegentlichen bunten Gläsern und die von jahrzehntelangem Anstreifen gezeichneten Haustore anziehen. Im Grunde suche ich vielleicht das dunkle Wien meiner Kindheit und gebe dabei indirekt zu erkennen, dass ich diese heruntergekommenen Wände noch heute anziehender finde als frisch herausgeputzte Fassaden ohne urbanen Mehrwert, von denen die Zeit abgeschlagen wurde, oder auch Neubauten ohne Charme. Damals leuchteten die Impressionisten so hell, weil die Städte und die Wohnungen so dunkel waren.

Für mich war eine doppelte Raumerfahrung prägend: Mein alltäglicher kindlicher Lebensraum waren Lainz und der Küniglberg. Der kurze Weg vom Wohnhaus, drei oder vier Einfamilienhäuser entlang, vorbei am kleinen Park und durch eine ländliche Vorstadtstraße ins Zentrum von Lainz: der erste Kreis.

Mit meiner Mutter kam ich aber nicht so selten in die »Innere Stadt«, zumeist mit der Straßenbahn. Diese Fahrten waren jedes Mal ein Schaustück, eine Sequenz, die vom Lainzer Platz mit der Straßenbahn Nr. 60 durch die Lainzer Straße nach Hietzing führte und von dort mit dem 58er durch die Mariahilfer Straße zum Ring. Hier folgten in einem präzisen Drehbuch die dörflichen und vorstädtischen Strukturen von Lainz und Hietzing, die Zwischenräume des Schlosses Schönbrunn, das Technische Museum, die Straßenbahn-Remise Rudolfsheim, die äußere Mariahilfer Straße, der Gürtel mit der Ruine des zerstörten Westbahnhofs, schließlich die innere Mariahilfer Straße bis zum Getreidemarkt und das Kunsthistorische Museum aufeinander, bis der 58er vor den Gittern des Burggartens seine Wendeschleife hatte. Die gelegentlich gewählte Alternative war die Stadtbahn – die damalige Wiental-Linie und heutige U4 – von Hietzing zum Karlsplatz oder Schwedenplatz.

In der beinahe wöchentlichen – oder etwas selteneren – Einschreibung dieses radialen Schnittes durch den Wiener Stadtraum konstituierte sich der Bilder-Raster der Großstadt, die Baulinie von Wien.

Es gab aber weitere Diagonalen: nach Hernals zu den Verwandten, nach Ottakring zu einer unechten Tante, zum Zahnarzt in der unbegrenzten Großstadt. Erst allmählich dämmerte mir, dass dieser Basis-Schnitt Lainz–Innere Stadt nur eine von zahlreichen möglichen Linien war. Zufall der Lokalisierung und der sozialen Netze für die Konstitution des inneren Bildes der Stadt.

Politökonomisch noch markanter wurde dies auf den Fahrten zu Tante Vally, die am Bisamberg ein Holzhaus und einen kleinen Weingarten hatte. Hier drehte sich die Sequenz um: Innerstädtischer Ausgangspunkt für die Linien 31 bzw. 331 war der Schottenring. Von hier aus folgte ein rascher Abfall der Bilder meiner Kinderurbanität – durch die industriell geprägte Brigittenau über die Donau nach Floridsdorf, entlang der Brünner Straße bis zur Endstation in Stammersdorf, einem der vielen Gegenpole zum Nabel von Lainz.

Ein weiträumiger Stadtschnitt ergab sich aus den Sonntagsausflügen. Hier wurde sichtbar, wie es »draußen« weiterging: Denn Speising (an der Straßenbahnlinie 60) unterschied sich wesentlich von Lainz und Mauer war wiederum ganz anders. Gärten, einige Weinberge, gelegentliche Felder und Agglomerationen kleiner Siedlungshäuser wechselten sich ab. Und das ging dann weiter mit dem 360er nach Rodaun, später zum Parapluiberg, zur Hohen Wand oder zum Semmering.

1950er

Der Wohnungswechsel von Lainz in den Prater im Alter von 14 war der große Sprung in der Wahrnehmung von Wien. Der neue Schulweg, der von der Jesuitenwiese mit der Überfuhr in die Industriezone von Erdberg führte, vorbei am Jugendgericht.

Von der neuen Wohnung waren es nur 15 Minuten zu Fuß »in die Stadt«, wo sich Buchhandlungen und Galerien eröffneten und wo mich Frau Dr. Kornfeld in der Urania-Bücherei apodiktisch davor warnte, *Die Verwandlung* von Franz Kafka als Metapher zu lesen.

Lainz, Speising, Hietzing, Hernals, die Mariahilfer Straße, Stammersdorf, Ottakring, Wollzeile: dass das alles zusammen Wien war, erkannte ich erst, als ich am Ende jedes Sommers aus der Schweiz, aus dem Dorf meines Großvaters, wieder nach Wien zurückkehrte, und jedes Mal war ich außer mir, wenn der Zug endlich auf dem erhöhten Bahndamm durch Penzing fuhr und die Menschen tief unten in schwach beleuchteten Gastgärten saßen und die Häuser schwärzer waren als die Nacht.

Es hat also den Anschein, dass ich mit Vorübungen zu einer »totalen Liebe« zu Wien bald nach meiner Geburt begonnen hatte und heute mit Unterstützung durch die Fotografie ein »Projekt« fortsetze, das mit der Wahrnehmung von Differenzen zu tun hat: von Architekturen, Raumfiguren, Stadtraumtemperaturen, Färbungen und Stimmungen. Wozu in der Folge auch gehört: »Sich in einer Stadt nicht zurechtfinden heißt nicht viel. In einer Stadt sich aber zu verirren […], braucht Schulung.«[1]

Die 1950er-Jahre waren weiterhin dunkel, aufgehellt von Einschusslöchern der letzten Kriegstage an den Häusern. »Damals hat Wien eher makabre Züge gehabt, das Morbide«[2] im Gemütlichen. Es war nicht die Zeit einer Stadtbetrachtung, bloß der Verwunderung über das eine oder andere Neue; aber überwiegend war alles an seinem Platz, Bäcker wie Milchfrau. In der Vorstadt wurde noch auf der Straße Fußball gespielt. Dass in den Kellern eine andere Musik gespielt wurde, entging den Kindern und den Bürgern.

[1] Walter Benjamin: *Städtebilder*, Suhrkamp, Frankfurt/M. 1963, S. 55
[2] Anton Michlmayr zit. in: Andreas Felber: *Die Wiener Free-Jazz-Avantgarde – Revolution im Hinterzimmer*, Böhlau, Wien 2005, S. 125

1960er

Irgendwann in den frühen 1960er-Jahren war die Nachkriegszeit vergessen. Wien war zwar weiterhin dunkel, aber die Stimmung hellte sich auf. Das, was es schon einmal gegeben hatte – »die Moderne« –, wurde wiederentdeckt und neu formatiert. Raum dafür boten Galerien, Jazzkeller und kleine Theater. Die allabendliche Vollversammlung fand in den wenigen Kaffeehäusern einer sich formierenden Szene statt: Hawelka, Café Sport, einige Lokale am Naschmarkt, der in einem heute nicht mehr vorstellbaren Sinn noch Markt war.

In der Galerie St. Stephan (ab 1964 Galerie nächst St. Stephan) fand sich zur monatlichen Vernissage die neue Avantgarde ein, jener kleine Kreis der Maler und Bildhauer, der Dichter der wiener gruppe, der Architekten, Musiker und selbsternannten Philosophen, die von uns Studenten bestaunt wurden. Das Neue schälte sich langsam aus der Zwiebel der alten Stadt heraus.

Der exzentrische Pol war aber das 1962 eröffnete Museum des 20. Jahrhunderts (das so genannte 20er-Haus) hinter dem Südbahnhof, der erste und einzige moderne Raum von Wien, von Karl Schwanzer als österreichischer Pavillon für die Weltausstellung 1958 in Brüssel entworfen und für Wien adaptiert. Hier wurde das Neue in großen Ausstellungen öffentlich und offiziell. Musikalisch waren dies die Konzerte der »Reihe«, des Ensembles für neue Musik von Friedrich Cerha, mit den Werken von Kurt Schwertsik, György Ligeti, Anestis Logothetis und anderen.

Wien hatte nie ein Künstlerviertel, ebenso wenig wie ein Studenten- oder Bahnhofsviertel (in der Mischung von Szenekneipen und Rotlicht). Die Infrastruktur des Neuen war weitgehend in der Inneren Stadt oder knapp außerhalb konzentriert: eine Reihe von Galerien, Buchhandlungen, Lokalen. Wien war aufregend und friedlich.[3]

Plötzlich, in den frühen 1960er Jahren, trat etwas ein, was nicht vorgesehen war: Hatten wir Rock 'n' Roll noch als Verlängerung der Schlager und Schnulzen erlebt, Elvis oder Bill Haley (sein *Rock Around The Clock* 1955 war ja noch tanzschul- und schulball-kompatibel gewesen), kam plötzlich Rock.

---

[3] »aufregend und friedlich« – so hat es jedenfalls Gertrude Stein für Paris ausgedrückt: Gertrude Stein: *Paris Frankreich*, Suhrkamp, Frankfurt/M. 1975, S. 7 f

Alles ging schnell und durcheinander. 1964/65 trugen die Beatles noch Krawatten, demonstrierten aber in ihrem Film eine völlig neue Form von Stadtbenützung: des Rennens, Fliehens, Tanzens. Die alten Beziehungen zwischen Hoch-, Volks- und Populärkultur waren durch Gegenkultur gesprengt, und die alten Städte hatten das Glück, mit den Ohren neu erlebt zu werden.

Im San Remo – der heutigen Camera – trat Karl Ratzer alias Charly Ryder auf und regelmäßig spielte hier drei Wochen lang eine Rockband aus England. Das war die neue Normalität.

Dann ging alles Schlag auf Schlag: 1965 *Satisfaction* von den Stones, Jugendproteste, Jimi Hendrix und Frank Zappa im Großen Saal des Wiener Konzerthauses[4]. Eine andere Architektur mit den Entwürfen von Archigram, auch die Wiener Avantgardisten machten mit oder kamen durch Rock und Pop ins Gedränge, das alles war eng miteinander verbunden, nicht getrennt, und die Musik bildete den Grundton für das meiste. Die schöne Stimmung aus London und Kalifornien schwappte auch ein wenig nach Wien über, es gab »Londoner Boutiquen«, kleine Anklänge an Hippie-Kultur etc. – Und jede/r, der/die etwas auf sich hielt, fuhr mindestens einmal nach London oder Berlin. Euphorie, Sound and Rhythm, viel Bier und einige andere Drogen, oder wie ein berühmt gewordener Satz lautet: »Wenn du dich an die Sechziger erinnern kannst, warst du nicht dabei.«[5]

1965 oder 1967 konnte es schon vorkommen, dass irgendwer über den Abbruch der Ringstraße nachdachte oder für die Überbauung des Karlsplatzes ein Modell baute. Zumeist waren es kleine Gruppen der später sogenannten Architekturavantgarde (Haus-Rucker-Co, Coop Himmelblau, Zünd-Up), die der »Band« des Rock und Pop nachempfunden waren. Alle kannten alle.[6]

Für kurze Zeit entstand die Erwartung einer wirklich neuen Architektur und eines anderen Urbanismus, bevor in den 1970er Jahren der Schleier der Postmoderne herniedersank.

In der Folgezeit veränderte sich aber laufend die subjektive Stadt und Raumwahrnehmung entsprechend den wechselnden Aktivitäten und Aufmerksamkeiten. Um dies genauer zu verstehen, müsste man die Stadt des Gebrauchs und die Stadt der Stimmungen unterscheiden bzw. deren Wechselwirkungen analysieren. Alte Lieblingsorte werden aufgegeben, neue kommen laufend dazu.

---

[4] \ Exakt auf dem Podium, auf dem sonst die Wiener Philharmoniker saßen
[5] \ Zitiert in: Heinrich Deisl: *Im Puls der Nacht – Sub- und Populärkultur in Wien 1955–1976*, Turia+Kant, Wien 2013, S. 23, Fußnote 1
[6] \ Siehe dazu auch: Rudolf Kohoutek: »Tausche Haus gegen Text oder Aktion – Avantgardismen in der Wiener Architektur 1950–1973« in: Elisabeth Großegger, Sabine Müller (Hg.): *Teststrecke Kunst*, Sonderzahl, Wien 2012, S. 104–127

Aus einem bestimmten Anlass landet man zufällig an einem Ort, der gerade unwahrscheinlich schön ist und wo es passiert: die aufgehende Sonne, die Farbe des Himmels, die Frühmorgentemperatur und die Häuserkulissen (hier genau tritt der Doppeleffekt von Stadt zutage: Vertrautheit und Fremdheit), die Enge oder Weite der jeweiligen Straße und die ersten Zeichen der Belebung. Jetzt versteht man anschaulich, dass es mehrere/viele Städte gibt: die Stadt der Nacht, des Sonnenaufgangs, die alltägliche Wochentagsstadt, die Stadt der Wochenenden und der sommerlichen Urlaubszeit ...

1970er

Wir waren viel in der Nacht unterwegs. Lang aufbleiben war Gewohnheit und Identitätsmerkmal der führenden Gegen-Szenen. Die Benützung des Autos gehörte dazu: Stadt, das waren die häufig befahrenen Routen zu den Lokalen, Events und FreundInnen. Auch Liebe und Eifersucht konnten die eigene Stadt ganz schön durcheinanderbringen. Die Lokale, Konzerte, Ausstellungen und andere Veranstaltungen nahmen sprunghaft zu.

Die 1970er Jahre führten – im Gefolge von 1968 – zu einer Politisierung der Stadtwahrnehmung: Aktionen einer alternativen Stadtsanierung (»Planquadrat«), die Gründung selbstorganisierter Kinderläden, Schulen, Hausbesetzungen, 1976 die Besetzung des Schlachthofs St. Marx als autonomes Kulturzentrum in der Größe eines halben Stadtteils (»alle« waren dort, aber nur für 100 Tage). Die rezeptive Stadtwahrnehmung und die passive Stadtbenützung wurden von aktiven Aneignungen städtischer Orte überlagert, natürlich nur innerhalb bestimmter städtischer Teilkulturen. Die Besetzung des Amerlinghauses als autonomes Kulturzentrum 1975 war aber auch Auftakt zur bestanderhaltenden Sanierung eines ganzen Viertels.

Die jeweiligen Lieblingslokale, Musik-Clubs und Szene-Treffpunkte blinkten wie bunte Lämpchen auf dem Stadtplan, der sich allmählich aus dem Zentrum des 1. Bezirks großräumiger entfaltete: Voom-Voom, U4, Exil ..., die großen Konzerte in der Stadthalle oder in der Kurhalle Oberlaa – und viel später, in den 1990er Jahren, die Techno-Raves in den Gasometern in Erdberg oder unter der Autobahntangente.

Am Wochenende und im Sommer waren (und sind auch heute) die vielen Bäder, aber auch die Heurigen, Schönbrunn oder der Prater die Orte der Vermischung aller Wiener Klassen und Szenen.

1980er

Die 1980er waren hell bis weiß. Rock war out, jetzt kam New Wave, mit anderen Gruppen und neuem Sound: z.B. Ideal oder Extrabreit aus Deutschland, der *Kommissar* von Falco, 1981 ein Hit des Austropop, und eine für Wien neue Art von Lokalen: Europa, Blink oder Bluebox, wo 1986 für den Film *Müllers Büro* gedreht wurde.

In den führenden Musik-, Kunst-, Theorie- oder Politik-Szenen hatten diese Dekaden ihre eigenen Dispositive, wie die 1970er Jahre als »Jahrzehnt der Kritik« und die 1980er Jahre als »Liebe zu den Phänomenen« etc.[7] Alle diese »Bewegungen« und die mit ihnen verbundenen Orte waren – und sind auch weiterhin – an einer ständigen Modellierung des Stadtraums beteiligt. Ein wesentlicher Einschnitt in der Wahrnehmung und Interpretation von Wien als Stadt war das Projekt der Weltausstellung Wien-Budapest, ab 1988 geplant für 1995[8], verbunden mit einem Aufbruch im stadtplanerischen und städtebaulichen Denken unter Hannes Swoboda als Planungsstadtrat. Einschließlich neuer Konzepte für die Stadterweiterung an der Peripherie, u.a. der Beginn des Projekts Seestadt Aspern auf dem Areal des ehemaligen Wiener Flugplatzes Aspern. Der für die Weltausstellung vorgesehene Standort der heutigen Donaucity konnte indessen die Entwicklung eines »zweiten Zentrums« von Wien an der Donau als Gegenpol und Ergänzung zur Inneren Stadt nicht einlösen.

Aber rechtzeitig zum Ende dieser Dekade fiel 1989 auch noch die Mauer, Europa wurde neu formatiert und Wien dabei etwas vom Rand zur Mitte gerückt.

---

[7] Diedrich Diederichsen: *Der lange Weg nach Mitte – Der Sound und die Stadt*, Kiepenheuer & Witsch, Köln 1999, S. 168

[8] Die EXPO Wien-Budapest »Brücken in die Zukunft« wurde nach zahlreichen Vorarbeiten in einer Volksbefragung 1991 abgelehnt.

1990er

Je näher die Dekaden an die Gegenwart reichen, umso schwieriger sind sie zu durchschauen. In Wien – wie in Westeuropa – waren die 1990er ein relativ friedliches Jahrzehnt, das viele soziale, kulturelle und ästhetische Errungenschaften seit den 1960er Jahren beerbte, in undogmatischer Weise vermischte und zur Auswahl anbot. Die Stadt konnte in freierer und selbstverständlicher Weise benutzt werden – wie eine Bibliothek, ein Musikspeicher oder ein Supermarkt. Und ein letztes Mal konnte man vielleicht noch ökologisch unbekümmert Auto fahren, das System theoretisieren und quer durch die Stile tanzen.

Rückblickend hat es den Anschein, als wollte das 20. Jahrhundert nach seinen Kriegen und Katastrophen seit 1914 sich noch einmal einen positiven Anstrich geben; selbst der Neoliberalismus erschien für eine kurze Weile »unschuldiger« als heute.

Bevor aus der neuen elektronischen Kommunikation »Big Brother« wurde, waren Internet, Emails und SMS auf den Handys noch so etwas wie eine freundliche »Big Sister«. Die Stadt war ein Nebeneinander von pragmatisch aufgesuchten Orten und einigen Lieblingsadressen.

Wenn man eine kleine Tochter hat und obendrein intensiv in städtebaulichen Projekten verwoben ist, tritt eine ästhetisierende und kontemplative Stadtwahrnehmung in den Hintergrund: das Leben ist ein neues Projekt, und die Stadt wird konkret.

Die Bevölkerung von Wien wuchs wieder, zum ersten Mal seit 100 Jahren nach Mauerfall und »Ostöffnung«. Eine »neue Gründerzeit« wurde ausgerufen. Für den Wiener Stadtraum war die Etablierung des Museumsquartiers (MQ) auf dem Areal des ehemaligen Messepalastes ein großer Sprung, auf Basis der Planungen seit 1994 und der Eröffnung 2001: Kunsthalle, Museum Moderner Kunst und Leopold Museum. Mit seinen großen Innenhöfen und Lokalen ist es einer der dichtesten Orte von Wien.

Durch das städtebauliche Projekt Kabelwerk in Meidling[9] eröffnete sich im ersten »kooperativen« städtebaulichen Verfahren ein neues Planungsdenken mit Bildern einer anderen Urbanität abseits der historischen Stadtgebiete.

---

[9] Siehe dazu: Herbert Buchner, Rudolf Kohoutek, Volkmar Pamer: *Kabelwerk – Entwurfsprozess als Modell. Dokumentation über den städtebaulichen Planungsprozess Kabel- und Drahtwerke AG (KDAG)*. Reihe »Stand der Dinge«, Magistrat der Stadt Wien 2004

Auch »Soho in Ottakring« war ein wichtiger Schritt der zentralen Stadtkultur über den Gürtel hinaus.

Einer unserer Lieblingsorte war das Flex am Donaukanal ab 1995, das mit allen Arten von Techno den bisherigen Rock und Pop übertönte. Wien war für kurze Zeit ein international beachteter Knotenpunkt elektronischer Musik. Daneben waren Audioroom und HAPPY durchaus wienerisch getönte Formate, in denen auf eine neue Weise gefeiert wurde.

Umtriebige Personen aus internationalen Zentren, die Wien über die Jahrzehnte wiederholt aufgesucht hatten, bescheinigten der Stadt eine Zunahme an Lebendigkeit und Offenheit, was wir WienerInnen gerne zur Kenntnis nahmen und im seitenlangen Programm der Stadtzeitung *Falter* Woche für Woche bestätigt finden konnten.

Um Stadtwahrnehmung als ästhetische, atmosphärische Fokussierung etwas zu relativieren und in einen realitätshaltigen Kontext zu stellen, müsste man nunmehr auch die »Gewohnheit« ins Spiel bringen, wie sie Bruno Latour in seinem großen Projekt als eine der grundlegenden »Existenzweisen« wiederentdeckt hat.[10] Auf der – fast zwanghaften – Suche nach dem »immer Neuen« hatte die Moderne eine ganze Menge von unvermeidlichen Traditionen und Parametern der Lebenswelt übersehen.

Stadtwahrnehmung und Gewohnheit: »Das ist die gewöhnlichste Erfahrung. Kein Prüfstein differenziert besser als dieser: Es gibt Gewohnheiten, die immer stumpfer machen; es gibt andere, die immer geschickter machen. Es gibt jene, die in Automatismen und Routine degenerieren, und jene, die die Aufmerksamkeit steigern.«[11] Also die Spannung zwischen dem Außerordentlichen und den guten – alten und neuen – Räumen und Gewohnheiten: Wien, wie es ist.

[10] Bruno Latour: *Existenzweisen. Eine Anthropologie der Modernen*, Suhrkamp, Berlin 2014, S. 366 ff
[11] Ebd. S. 378

Historismen

I., BÖRSEGASSE

VII., KIRCHENGASSE
I., SCHOTTENRING

VI., HOFMÜHLGASSE
VII., SCHOTTENFELDGASSE
XX., JÄGERSTRASSE

VIII., LAUDONGASSE

I., POSTGASSE

SEITE 64: VII., NEUSTIFTGASSE

SEITE 65: I., JORDANGASSE

XVII., TAUBERGASSE

XII., SCHÖNBRUNNER STRASSE

I., SCHWERTGASSE

VII., BURGGASSE

I., SCHWERTGASSE

XV., MARIAHILFER STRASSE

II., TABORSTRASSE

XVII., WEISSGASSE

VI., GUMPENDORFERSTRASSE

II., GROSSE SPERLGASSE

VII., BURGGASSE

I., SCHOTTENGASSE

IX., FRANKGASSE

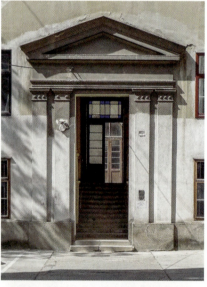

VII., BURGGASSE

I., TIEFER GRABEN
VIII., ALSERSTRASSE
II., HERMINENGASSE

VI., LINKE WIENZEILE
I., VOLKSGARTENSTRASSE
II., OBERE DONAUSTRASSE

VIII., KOCHGASSE
I., KLEEBLATTGASSE

XVII., VERONIKAGASSE
II., CASTELLEZGASSE

XVII., ALSZEILE
VI., LUFTBADGASSE
VI., LINKE WIENZEILE

I., HOHENSTAUFENGASSE

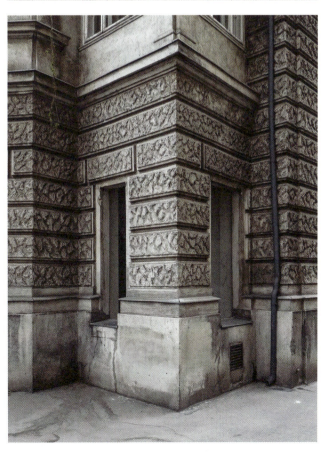

VI., LINKE WIENZEILE

VI., HOFMÜHLGASSE

I., FREYUNG

VIII., KOCHGASSE
VII., SCHOTTENFELDGASSE
IX., SCHLICKGASSE
VIII., LAUDONGASSE

VIII., FLORIANIGASSE

II., OBERE DONAUSTRASSE

XII., SCHÖNBRUNNERSTRASSE

IX., PRAMERGASSE

VI., MARIAHILFER GÜRTEL

VIII., SCHMIDGASSE

XXIII., PERCHTOLDSDORFER STRASSE

XV., FELBERSTRASSE

V., HAMBURGERSTRASSE

II., FLOSSGASSE

IX., BORSCHKEGASSE

I., SCHWERTGASSE

XVI., OTTAKRINGER STRASSE

I., DUMBASTRASSE

XVIII., HAIZINGERGASSE

I., FREYUNG

XVI., NAUSEAGASSE

I., FREISINGERGASSE

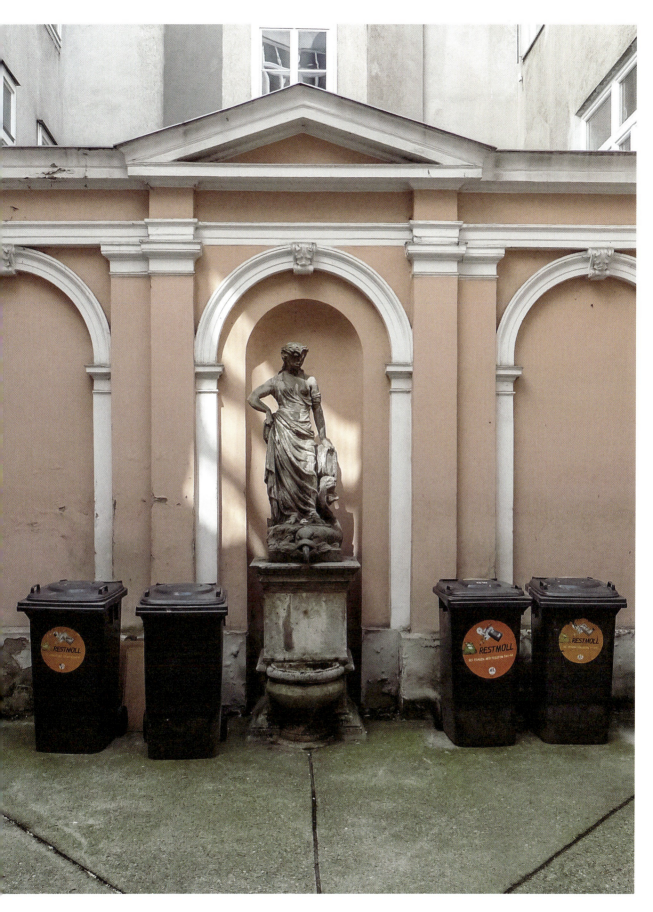

Das optische Unbewusste der Stadt

Alles ist sichtbar an der Oberfläche der Stadt. Ein kurzer Weg in der Stadt liefert ungefragt tausende Einzelbilder, die bruchlos ineinander übergehen. Eher Video-total, als klassischer Film aus Einzelbildern. Welche Bilder werden in den Langzeitspeicher überschrieben? Welche werden gelöscht? Welche Bilder werden mit Markern versehen? Und erinnert? »Sehen was jedermann sehen kann, aber nicht sieht. [...] Das Kind sieht und weiß nicht. Der Erwachsene weiß und sieht nicht.«[1]

1931 hat Walter Benjamin in seiner *Kleinen Geschichte der Photographie* zum ersten Mal den Begriff des »optischen Unbewussten« benutzt.[2] Die Idee war, dass die Fotografie etwas aufzeichnet, das man zwar mit freiem Auge gesehen hat, das aber das Fassungsvermögen sowohl der unmittelbaren Aufnahme als auch der Erinnerung übersteigt. Hier liegt für Benjamin das Feld des »Optisch-Unbewussten«, das erst die Fotografie wieder zutage befördern kann, wie es analog die Psychoanalyse mit dem Triebhaft-Unbewussten unternimmt.

»Aber was gäbe es im visuellen Feld, das ein Analogon zum ›Unbewussten‹ selbst sein könnte – eine Struktur, die erstens ein empfindungsfähiges Wesen voraussetzt, innerhalb dessen es operiert, und die zweitens nur insoweit Sinn hat, als sie in Konflikt steht mit dem Bewusstsein dieses Wesens? Kann das optische Feld – die Welt der visuellen Phänomene: Wolken, Meer, Himmel, Wald – ein Unbewusstes *haben?*«[3]

Rosalind E. Krauss spricht in der Analyse eines Bildes von Max Ernst von der »inventarähnlichen Verkettung von Objekten als den gespeicherten Inhalten der unbewussten Erinnerung«.[4] Das müssen nicht immer frühkindliche

---

[1] Paul Valéry: *Ich grase meine Gehirnwiese ab. Paul Valéry und seine verborgenen Cahiers.* Fischer Klassik, Frankfurt/M. 2016, S. 195
[2] Rosalind E. Krauss: *Das optische Unbewusste*, Philo Fine Arts, Hamburg 2011, S. 281
[3] Ebd. S. 283
[4] Ebd. S. 94

Erinnerungen sein. Das »optische Unbewusste« der Stadt lässt sich auch so verstehen, dass von der im Stadtraum wahrgenommenen unendlichen Zahl von Bildern nur ein kleiner Teil bewusst aufgenommen und in der Erinnerung abrufbar gespeichert wird. Umgekehrt kann man auch nicht davon ausgehen, dass alle »anderen Bilder« einfach verloren sind.

Die sichtbare Stadt in ihrer Gesamtheit, das wäre die Summe aller von allen wahrgenommenen und gespeicherten Einzelbilder der Stadt, die sich wieder mit Bildern anderer Städte überlagern, und die zusätzlich nach Kontexten geordnet sind: Einkaufsbummel, Weg zur Arbeit oder in die Schule, Spaziergang mit dem Hund, Touristen-Foto, städtebauliche Bestandsaufnahme. Kein Wunder, dass es eine Bildwissenschaft bis heute noch nicht gibt, deren dunkle Grundfrage W. J. T. Mitchell so hübsch formuliert hat: »Was wollen die Bilder?«[5] – um darauf ironisch zu antworten: »Was Bilder letzten Endes wollen, ist also einfach, gefragt zu werden, was sie wollen, vorausgesetzt, man weiß, daß die Antwort sein könnte, daß sie überhaupt nichts wollen.«[6]

»Es ist kontraintuitiv, unterscheiden zu wollen, ›was vom Beobachter kommt‹ und ›was vom Objekt kommt‹, wenn die offensichtliche Antwort lautet: ›der Strömung nachgehen‹. Objekt und Subjekt mögen existieren, doch alles Interessante ereignet sich stromauf und stromab. Man muss nur der Strömung nachgehen. Ja, den Akteuren folgen oder vielmehr dem, was sie handeln macht, nämlich den zirkulierenden Entitäten.«[7]

»In dem, was Freud den ›anderen Schauplatz‹ des Sehens nennt – den Platz, auf den sich das Unbewusste zurückzieht unter den Bedingungen des Traums, der Fantasie, der Halluzination oder der Deckerinnerung –, kommt das Prinzip der Latenz zum Ausdruck. Diese ›Nachträglichkeit‹ ist nun, und das ist wichtig, eine Funktion des Readymades, welches plötzlich zur Hand ist und zum Vehikel für eine vergangene Erfahrung wird – eine Erfahrung, die, als sie erstmals gemacht wurde, noch keinen Sinn ergab und nun gleichsam am Horizont des Subjekts aufzutauchen beginnt als ursprüngliche, in sich schlüssige Wahrnehmung.«[8]

Oder bezeichnen die ausgewählten Fotografien ein singuläres Phantasma von Stadt-Raum-Bild, von Details, von surrealistischen Kompositionen, von ambivalenten Parteinahmen für abgeblätterte Mauern, trübe Ecken, Oxidationen, malerische Wirkungen, Abstufungen von Weiß-Grau-Schwarz, urbane

[5] W.J.T. Mitchell: *Bildtheorie*, Suhrkamp, Frankfurt/M. 2008, S. 370 bzw. der gesamte Abschnitt 11: »Was wollen Bilder wirklich?« S. 347 ff
[6] Ebd.
[7] Bruno Latour: *Eine neue Soziologie für eine neue Gesellschaft*, Suhrkamp, Frankfurt/M. 2007, S. 409
[8] Krauss 2011, a.a.O., S. 112/115

Konstellationen, in denen der Himmel nur mehr als Spiegelung in Fenstern auftaucht, die Natur nur mehr als Grashalme in den Fugen des Asphalts?

Unübersehbar ist, dass viele der Fotografien vom *Wiener Grund* Motive des Verschwindens sind, wie es sich erwiesen hat: Mehr als die Hälfte der Situationen existiert in der konkreten Form nach fünf Jahren nicht mehr, ohne dass man deshalb in die Falle des »Vorher-Nachher« tappen möchte. Unfreiwilliger Surrealismus, grenzenloser Charme von Wien, schwache Widerstandsnester alter Bilder.

Zum Begriff des Unbewussten schreibt Hans Blumenberg: »Ein bestimmter Bewusstseinsinhalt lässt angeblich keine andere Erklärung zu als die, dass 1. in der Vergangenheit mit einem langen zeitlichen Zwischenraum ein Ereignis oder ein Erlebnis stattgefunden hat, welches eine bestimmte Reaktion ausgelöst hat, die zum Verschwinden ebendieser Erfahrung als eines bewussten Inhaltes geführt hat; 2. das Verschwundene sich nicht aufgelöst, sondern nach einem Erhaltungsprinzip verborgen und konserviert hat; 3. dass dieser verborgene Inhalt sich im Bewusstsein in spezifischen Korrelaten auswirkt und bemerkbar macht.«[9]

»Genau genommen, ist der Begriff des Unbewussten eine Verfahrensregel, wie man sich angesichts eines bestimmten Bewussten oder zumindest phänomenal Objektivierbaren zu verhalten hat: man hat zu suchen, zu fragen, zu analysieren, welche Erfahrung dem über die Latenzphase hinweg wirkenden, unbekannten, für sich selbst nicht objektivierbaren Sachverhalt zugrunde liegt. Das Unbewusste ist ein *Hilfsbegriff* für bestimmte technische Operationen, ohne den diese sehr wohl möglich, aber nicht verständlich wären. Der Begriff des Unbewussten gibt eine Totalität des Bewusstseins an, die in keiner Erinnerung oder Erwartung, also in keiner Form von Selbstbewusstsein der Identität, nachweislich ist. Die energetische Geschichte des Subjekts, beherrscht vom Konstanzprinzip, ist prinzipiell lückenlos, und sie kann es nur dadurch sein, dass die Diskontinuität des Bewusstseins unterbaut und überbrückt wird durch die energetische Latenz des Unbewussten.«[10]

---

9 \ Hans Blumenberg: *Theorie der Unbegrifflichkeit*, Suhrkamp, Frankfurt/M. 2007, S. 41
10 \ Ebd. S. 42

Stadtträume

»Wichtig ist nun zu verstehen, dass es ein Phantasma nur geben kann, wenn es einen Schauplatz (ein Szenario), das heißt einen Ort gibt.«[11] Auch Träume brauchen einen Schauplatz. Man kann aber davon ausgehen, dass Träume im Allgemeinen nicht geträumt werden, um Stadträume oder Gebäude darzustellen. Mich würde interessieren, ob Wiener Schauplätze in Träumen mit der überwiegend unbewussten Präferenz für bestimmte Gegenden und Motive in Verbindung stehen könnten bzw. welche emotionalen, biografischen, medialen oder fachlichen Spuren zu Architekturen und Stadträumen in den Träumen auftauchen. Gelegentlich ist in den Phasen des intensiveren Fotografierens von räumlich-baulichen Situationen das Fotografieren selbst als Thema in Träumen vorgekommen. Dass bestimmte Wiener Gegenden oder konkrete Orte wiederholt auftauchen und wie sie im Traum mehr oder weniger verändert erscheinen, könnte vielleicht ansatzweise in einer »echten Analyse« rekonstruiert werden. Aber Wien bleibt Wien, das gilt auch für die Träume.

Erstaunlich oft fand ich mich in Träumen in der Gumpendorfer Straße, die in meiner Kindheits- und Jugenderinnerung die dunkelste Straße von Wien war und die jetzt so chic geworden ist …

Die Gumpendorfer Straße ist abgelenkt. Ich verirre mich, aber sie erklären mir den Weg zum Café Sperl. Die ganze Gegend ist noch dichter und dunkler als in Wirklichkeit, ein zum Wienfluss / Naschmarkt leicht abfallender Hang, ein sehr alt wirkender Stadtteil mit kleinen Brachflächen, Wiesen, Lehm zwischen den Gebäuden, aber es ist mehr Peripherie, Meer, und vermischt sich mit Lainz und dem Küniglberg (mein Kindheitsort). / 21.10.2001

Häufig haben mich Träume an den Donaukanal geführt, der abwechselnd ganz realistisch und dann wieder völlig verändert ist.

Irgendwie haben Willy K. (ein früh verstorbener Freund und Stadtplaner) *und ich an einem Projekt gearbeitet und wollen uns jetzt die Orte anschauen. Wir fahren von meiner Wohnung zum Franz-Josefs-Kai am Donaukanal. Es ist*

---

[11] Roland Barthes: *Wie zusammen leben: Simulationen einiger alltäglicher Räume im Roman*, Vorlesung am Collège de France 1976–1977, Suhrkamp, Hg. Èric Marty, Frankfurt/M. 2007, S. 43

sehr früh am morgen, so sechs oder halb sieben. Das Morgenlicht ist wunderbar. Beim Blick zurück in Richtung Ringturm stehen ein paar färbige Objekte im Morgennebel. Nach vorne in Richtung Urania auch traumhaft schön. Ich ärgere mich, dass ich meinen Fotoapparat nicht dabei hab, denke aber, dass wir ohnehin öfter zusammen in der Früh herkommen können. Am Ufer [...] sind Wiesen-Terrassen vielleicht 30 oder 40 cm abfallend, ich erkläre Willy: das ist das Gefälle des Flusses. Links sehe ich manchmal das Wasser, dann wieder ist da ein Damm mit Wiese, eine Einbuchtung, ich denke, das ist von einer früheren Brücke. / 25.06.2014

In Träumen werde ich gelegentlich Wien untreu.

[...] Ich bin in Salzburg, schaue aus dem Fenster, es ist wie der Donaukanal, aber Salzburg. Ich sage zu meinen Freunden, die gerade ans Fenster treten: Die Ufer überall schöner als in Wien, schöne Industriebauten, Türme, eine Autouferstraße. / 17.09.2002

[...] Wir gehen über eine größere städtische Fläche (?), dann biegen wir in enge, ganz enge Gassen ein. Beim Anstoßen an eine Hausmauer – schaut aus wie ein wienerisch verschlamptes Venedig – sehe ich die Wände, tolle Fenster, Abblätterungen, irgendeine zufällige Installation von heterogenen Elementen an der Wand. Ich will das fotografieren, weiß aber auch im Traum, dass Johannes mir strikt verboten hat, Hausabbrüche zu fotografieren, weil da kommt automatisch ein gutes Foto raus. Wir kommen aus dieser engen Schlucht heraus und landen direkt an einer alten Otto-Wagner-Stadtbahnstation. Ich überlege, welche es ist, denke an Pilgramgasse oder Kettenbrückengasse, es ist aber die Station Kunsthalle, die es in Wirklichkeit gar nicht gibt. Ich bin sehr aufgeregt, weil es tolle Szenerien zum Fotografieren sind und ich hierher zurückkehren werde. / 16.04.2010

Mit B. unterwegs in der Stadt, in der Babenbergerstraße. Sie muss nach Hause oder irgendwohin sonst, wir sehen eine Straßenbahn vorbeifahren, kurz vor der Endstation, am Ring. Die Straßenbahn biegt ab, irgendwer geht noch schnell über die Schienen. Wir suchen dann die Endstation (!) der

Straßenbahn, es ist eine dichte städtische Szene, jetzt irgendwie unbekannt: das Evangelische oder Akademische Gymnasium, wir kennen uns nicht aus. Irgendwo zwischen Ring und Zweierlinie, eine Art Platz. Ich versuche mich zu orientieren: Wo sind wir? Wo ist die Oper? Dann biegen wir ein und sehen eine alte Straßenbahn, ich sage diesbezüglich etwas zum Fahrer: dass sie diese alte Garnitur für den heutigen Feiertag gewählt haben? Wir steigen dann ein. Drinnen ist alles völlig anders: ein Vorraum, mit einem Vorhang zum Fahrerraum, der Innenraum eine Art Zimmer. Wir reden mit dem Fahrer, ich denke, wenn er losfährt, könnten wir in diesen Raum gehen, den Vorhang zuziehen [...]. Wir schauen aus dem Fenster, vorne links sieht man eine Böschung, es ist wie ein römischer Strand, mit einer alten verfallenen Säule, Herbstblätter bunt, rechts wie ein weiter Sumpf, wo dahinter auch das Meer sein könnte, eine Ebene, es ist vor dem Museumsquartier [...]. / 25.02.2012

Und nicht einmal in Träumen war ich städtebaulich untätig.

Ich bin mit irgendjemandem in einer Stadt (Graz oder war es in Gent?), auf einem neu gestalteten Platz [...]. Ein ovaler Bau ist in eine Ecke gerückt, mit zwei Straßeneinmündungen und einer Art Kreisverkehr. Entscheidend ist: Der Bau sieht von jeder Seite her anders aus: von einer Seite her ist er durchscheinend, weil Scheiben in der Blickrichtung liegen, von anderen Seiten her massiv. Wir sprechen über diese subtile Gestaltung. / 03.02.2012

Ich bin in Berlin – oder in London? Wir sind in einer Wohnung, [...] und eine weitere Person, die beiden haben etwas zu besprechen. Ich drucke Fotos aus. C. und R., wir wollen die Stadt anschauen, es ist wohl Berlin, wo ich auf Besuch bin, ich bitte sie, dass wir in weniger bekannte Gegenden gehen. [...] Dann auf einer Straße, eine Kreuzung, viele Graffiti. Eine Straße hat links einen breiteren Gehsteig, Vorgärten, ich denke, ja, so sollte der Straßenquerschnitt bei einem neuen Städtebau sein. / 19.04.2013

Ich soll irgendein Haus gestalten, Umbau, außen, es geht um die Farbe. Ich hab da ein Farbmuster mit einem schönen Rot, ich sage, das sind 45 Prozent Rosa und 65 Prozent Schwarz. Wir reden darüber. / 19.11.2013

Danke, das genügt. Aber vielleicht noch ein letzter Traum.

Ich gehe eine steile Straße hinauf, eigentlich ein unbefestigter Weg wie am Küniglberg, nur die Fahrspur, ein Erdweg, seitlich ein paar Büsche oder Bäume. Es ist die Kochgasse, in der ich wohne. Ein Auto kommt vom Berg herunter, ganz steil – ein alter Mercedes, ich muss seitlich links auf den schmalen grünen Streifen ausweichen. Ich komme von unten, weiß, dass es die Alser Straße ist, aber es gibt eine Überbauung der Straße, ein Durchgang mit einem Bogen, wie in Venedig. Gleich links davor ist der Bioladen, zugleich eine Art Restaurant, wie das Café der Provinz. Ich gehe mit einer angezündeten Zigarette hinein, komme an die Theke, wo eine junge Frau die Zigarette bemerkt, ganz freundlich, das Licht geht an, ich entschuldige mich und gehe mit der Zigarette wieder hinaus. Am Weg hinauf will ich noch mein Sakko bei meinem türkischen Schneider abholen. Dann suche ich weiter oben mein Haus, aber alle Häuser sind ganz anders, ich erkenne es nicht. Kleine Stadthäuser, ein seitlich freies Haus aus roten Ziegeln, das Haus von S. in St. Gallen?, aber viel kleiner mit einem Erker und einem Ecktürmchen. Im Traum ein ziemlicher Schock, das eigene Haus in der eigenen Straße nicht zu finden. / 01.11.2012

Immer wieder lande ich in Träumen an der Ringstraße, beim Schottentor, ich bin im Traum voll damit beschäftigt, wieder um irgendeine Ecke zu gehen und zwischen Universität, Mölkerbastei, Burgtheater, Rathausplatz wieder irgendetwas zu erledigen, Leute zu treffen, was zuweilen kompliziert ist. Vielleicht ist die Ringstraße tatsächlich noch mehr Traumraum, als die ArchitekturhistorikerInnen und TourismusexpertInnen sich bisher eingestanden haben? Wir haben uns schon zu sehr an die Ringstraße gewöhnt. Aber sie ist ein Phantasieraum. »Phantasie als Bestandteil von Realität zu behaupten. Das gilt auch für den Traum. In der Kunstproduktion, beim Malen oder Schreiben, jagt man immer nur den Träumen nach, versucht, im Umgang mit Realitätspartikeln dieselbe Freiheit zu erreichen wie im Traum. Ohne kausale Verknüpfungen, ohne Übergänge, ohne sich für einzelne Schritte zu entschuldigen, aus einem Bild ins nächste.«[12]

12 \ Heiner Müller: *Traumtexte*, Suhrkamp, Frankfurt/M. 2009, S.110

Dass in meinen Träumen die Gassen und Straßen – soweit sie konkreter lokalisiert sind – häufig schmäler sind als in Wirklichkeit, während die Plätze mir größer erscheinen, könnte mit der Raumwahrnehmung als Kind zusammenhängen.

In den Wiener Träumen tauchen mehr Passagen, Durchgänge, Arkaden auf, als es hier gibt. Dies könnte mit Erfahrungen aus südlichen Städten zu tun haben: Wenn man – psychoanalytisch sehr vereinfacht – Träume als Wunscherfüllungen sehen will, könnte man vielleicht sagen, dass ich Orte und räumliche Konstellationen (er)finde, die mir in Wien tatsächlich ein wenig fehlen. – Obwohl es als äußerst unwahrscheinlich gelten kann, dass die Orte, die »Schauplätze« von Träumen selbst zu den Wünschen gehören. Wunsch und/oder Angst? Je weiter zurück, umso häufiger waren es auch Angstträume, wie dies der Kriegs- und Nachkriegswirklichkeit entsprochen hat.

Was auffällt, ist ein nicht selten sprunghafter, im Traum aber unauffälliger, das heißt völlig selbstverständlich wirkender Wechsel von Städten und Schauplätzen, Überlagerungen von zwei oder mehr Orten, nicht-städtische Gegenden in die Stadt hineinkopiert.

Was ebenfalls auffällt: Es kommen auch mir gänzlich unbekannte Orte vor, die aber überraschend detailliert und im Traumbewusstsein gelegentlich an reale Ortsnamen geknüpft sind: Namen von konkreten Orten in Wien oder ein ebenso deutliches »Wissen« im Traum, wenn ich mich in einer anderen Stadt befinde, London, Köln, Zürich, Berlin.

Architektur und Stadt fotografieren: mehr in Richtung von »Traumräumen« als in Richtung Würstelstände, Tankstellen, Geschäftsportale oder Architektur?

Vielleicht ließen sich auch pragmatischere Bezüge des »optischen Unbewussten« herstellen: Was die Dimensionen von Stadtplanung und Städtebau betrifft, lässt sich vermuten, dass sowohl die selbstverständlichen, bekannten, aber auch die in Planungen neu auftauchenden Raumbilder und Baustrukturen im weitesten Sinn von unbewussten Bildern und Wertungen der Akteure mitbestimmt sind, etwa wenn in Wettbewerben, in Beiräten oder in sogenannten kooperativen Verfahren Entscheidungen getroffen werden, die jeweils gar nicht wirklich begründet werden können. Ich habe dies einmal als »urbanistischen Somnambulismus« bezeichnet.[13] In eine ähnliche Richtung gehen auch die von Martina Löw als »Eigenlogik der Städte« thematisierten Qualitäten, die dann allerdings mehr mit bekannten historischen Prägungen, Stadt-Images und Profilen für Betriebsansiedlung und Städtetourismus zu tun haben.

Optisches Unbewusstes: Von den klassischen Symbolen und Metaphern außerhalb und innerhalb des Feldes der Psychoanalyse – wie sie auch im Sachregister der *Traumdeutung* von Sigmund Freud auftauchen – war dabei noch gar nicht die Rede: Straße, Haus, Turm, Brücke, Kanal, Enge, Fluss, Türe/Tor, Säule, Fenster, Stiege, Dach, Keller oder Schmutz. Nicht selten weht im unbewussten Begehren auch der Wind, in Wien oft heftiger als in anderen Städten: Dem Helden in *Frost* von Thomas Bernhard »weht ein kalter Wind entgegen«, und in *Madame Bovary* »fegte der Kummer durch ihre Seele mit leisem Geheul, wie der Winterwind durch verwahrloste Schlösser.«[14]

---

[13] Rudolf Kohoutek: »Urbanistischer Somnambulismus. Über den (un-)willkürlichen Umgang mit der dichten Stadt«, in ÖGFA (Hg.): UMBAU 28: *Das Geschäft mit der Stadt*, Birkhäuser, Basel 2015, S. 106–119
[14] Gustave Flaubert: *Madame Bovary*, Hanser, München 2012, S. 166

Surrealismen

XIII., SCHLOSS SCHÖNBRUNN
VIII., SCHLÜSSELGASSE
V., SCHÖNBRUNNERSTRASSE

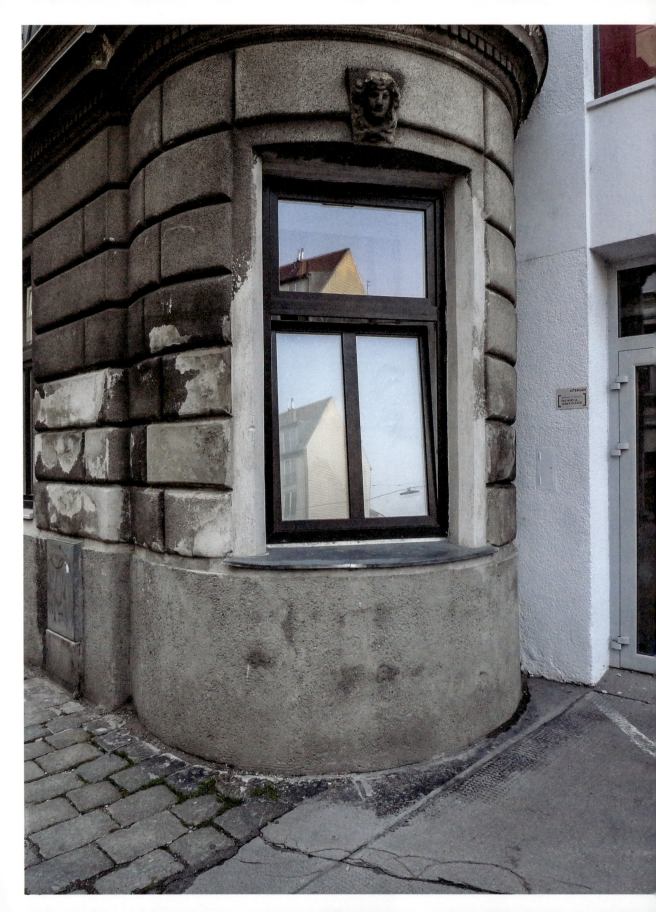

SEITE 98: XVI., BRESTELGASSE
SEITE 99: VIII., ALSERSTRASSE

VI., WALLGASSE
III., TONGASSE

VII., NEUBAUGASSE
VIII., KOCHGASSE

II., GROSSE STADTGUTGASSE
XVII., LACKNERGASSE
VIII., SCHLÖSSELGASSE
VIII., KOCHGASSE

XX., NORDWESTBAHNSTRASSE
XX., KLOSTERNEUBURGER STRASSE

VII., KAISERSTRASSE
VII., BANDGASSE

XVI., HERBSTSTRASSE

II., LASSINGLEITHNERPLATZ
III., SCHÜTZENGASSE

XVII., ROSENSTEINGASSE

XX., FORSTHAUSGASSE

XX., OTHMARGASSE

VIII., UHLPLATZ

XII., HASCHKAGASSE

XV., FELBERSTRASSE

II., GROSSE SPERLGASSE

XVII., HERNALSER GÜRTEL

II., WOLFGANG-SCHMÄLZL-GASSE

V., RECHTE WIENZEILE

VI., HORNBOSTELGASSE

VIII., SKODAGASSE

IX., AUGASSE

XVII., HERNALSER HAUPTSTRASSE

III., UNGARGASSE

V., RECHTE WIENZEILE

XVIII., KREUZGASSE

III., ASPANGSTRASSE

II., LASSALLESTRASSE

VIII., SCHLÖSSELGASSE

II., GLOCKENGASSE

II., GLOCKENGASSE

III., LANDSTRASSER HAUPTSTRASSE

XVIII., MARTINSTRASSE

SEITE 116: XV., FELBERSTRASSE

SEITE 117: XVII., ROSENSTEINGASSE

II., IM WERD

VII., KAISERSTRASSE

XX., KLOSTERNEUBURGER STRASSE

V., SPENGERGASSE

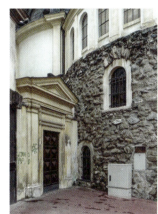

XVII., KALVARIENBERGGASSE

IX., GLASERGASSE

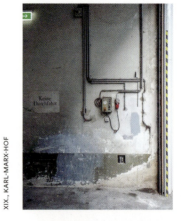

VII., KIRCHENGASSE
XIX., KARL-MARX-HOF

III., ZAUNERGASSE
VIII., LANGE GASSE

II., HERMINENGASSE
VII., KIRCHENGASSE

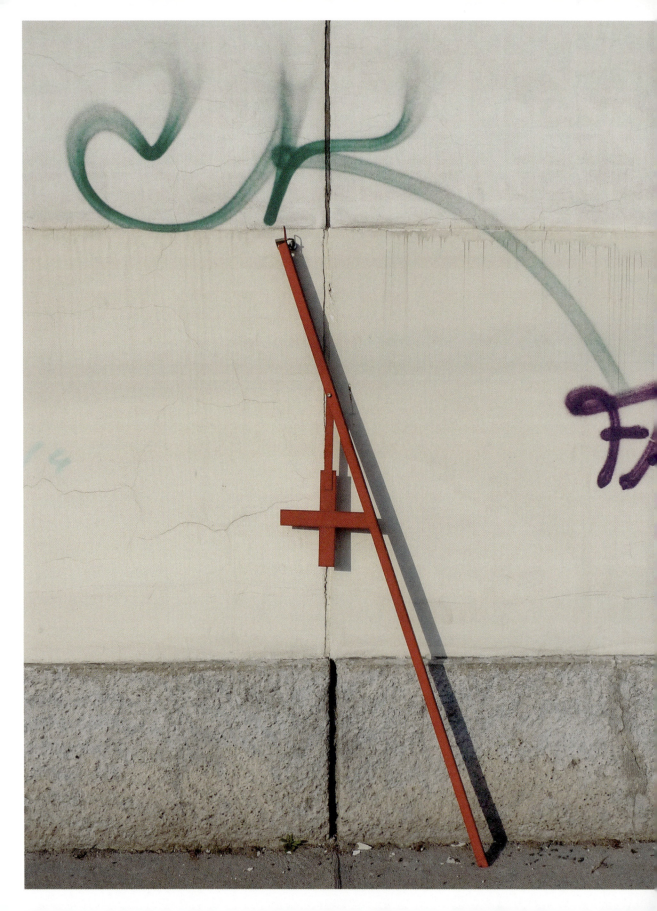

X., ALTER SÜDBAHNHOF
VI., LINKE WIENZEILE
XVII., HÄNDELGASSE

VIII., PIARISTENGASSE
I., FREYUNG
XX., NORDWESTBAHNSTRASSE

II., GLOCKENGASSE
VII., NEUSTIFTGASSE

V., HAMBURGERSTRASSE

VIII., SCHLÖSSELGASSE
XVII., HERNALSER HAUPTSTRASSE

XVII., WEISSGASSE
IX., ALSERBACHSTRASSE
XX., PAPPENHEIMGASSE
V., GROHGASSE

XIV., LINZER STRASSE

Mach dir kein Bild von Wien

Wien hat eine reichhaltige Literatur, in der diese Stadt in der einen oder anderen Weise auftaucht. Eine schöne Sammlung *Wien im Gedicht* erschien 1993 als Insel-Taschenbuch[1], also fern von Wien, und wurde seither – man könnte beinahe sagen bezeichnenderweise – nie mehr neu aufgelegt. Könnte man Gedichte, die eine Stadt zum Gegenstand haben, als die dichteste Form von Stadt-Literatur ansehen?

Wien kann indessen nicht mit der Tiefe so vieler Texte aufwarten, die die eigene Stadt betreffen, wie Paris mit den Werken von Michel de Montaigne (1588), Montesquieu (1721), Louis-Sébastien Mercier (1783), Victor

[1] Gerhard C. Krischker (Hg.): *Wien im Gedicht*, Insel, Berlin 1993

Hugo (1831, 1837), Honoré de Balzac (1831), Charles Baudelaire (1857 Les Fleurs du Mal, 1861 Tableaux Parisiens), Émile Zola (1880), Marcel Proust, Paul Verlaine, Louis Aragon (1926), André Breton (1928, 1937), Siegfried Kracauer (1937), Jacques Prévert (1949), Roger Caillois, Raymond Queneau (1959), Alain Robbe-Grillet (1959), Roland Barthes (1964), Jacques Réda (1977), Georges Perec (1965–1980) und anderen.[2]

»Der Diskurs des Stadtbewusstseins entstand in Paris. Keine andere Stadt der Welt wurde von ihren Schriftstellern so häufig und über eine so lange Zeit dargestellt. Die Komplexität des Lebens in der großen Stadt scheint sich jeder diskursiven Strategie zu entziehen. Dies entmutigte die Schriftsteller von Paris indes nicht, nach immer neuen, immer komplexeren Möglichkeiten zu suchen, sich der Wirklichkeit der Stadt anzunähern. Der Diskurs von Paris ist schließlich selbst zu einem wesentlichen Moment dieser Wirklichkeit geworden. Es gibt ein Wechselspiel zwischen der Stadt, die den Blick des Schriftstellers konditioniert, und dem Schriftsteller, der Aspekte der Stadt zu Bewusstsein bringt, die ohne literarische Darstellung unbemerkt geblieben wären. Der Diskurs der Stadt ist eine Schule der Aufmerksamkeit und der komplexen Wahrnehmung dessen, was ohne literarische Präsentation sich in einer gestaltlosen Flut vorübergehender und stets wechselnder Wahrnehmungen auflösen müsste.«[3]

Da es weder eine so reichhaltige Stadtliteratur in Wien gibt – und schon gar nicht eine so weit zurückreichende, wie die ersten Texte zu Paris (angefangen mit Michel de Montaigne 1588) –, noch eine mit den Arbeiten von Karlheinz Stierle vergleichbare Lektüre aller Wien als Stadt betreffenden Werke bzw. Textstellen aus der Literatur von Franz Grillparzer, Arthur Schnitzler, Alfred Polgar, Stefan Zweig, Anton Kuh, Hugo von Hofmannsthal, Karl Kraus, Elias Canetti etc. bis heute, sollen im Folgenden einige der in Gedichten zu Wien als Stadt auftauchenden Bezüge umrissen werden. Verbunden mit sehr persönlichen Erlebnissen, Gefühlen und Gedanken finden sich in den Gedichten in äußerster Kürze direkte und indirekte Aussagen zur Wahrnehmung von Wien als Stadt: Gegenden, Atmosphären, Einzelheiten, aber immer in einer »Stadt ohne Gewähr« (Ingeborg Bachmann): »Laßt mich nicht von irgendeiner Stadt reden, sondern von der einzigen, in der meine Ängste und Hoffnungen aus so vielen Jahren ins Netz gingen.«[4]

2\ Ein umfassender Überblick dazu in: Karlheinz Stierle: *Der Mythos von Paris: Zeichen und Bewußtsein der Stadt*, dtv, München 1993 und Karlheinz Stierle: *Pariser Prismen: Zeichen und Bilder der Stadt*, Hanser, München 2016
3\ Stierle 2016, Ebd. S. 235
4\ Ingeborg Bachmann: »Stadt ohne Gewähr« in: Krischker, a.a.O., S. 11 ff

Textsorten zur Stadt

Im Prinzip hat jede große Stadt nicht nur ihre selbstbezügliche Literatur, sie hat auch ihre Theorie[5], die in der Summe historischer Forschungen, Beschreibungen und Bewertungen sowie Poetiken und Praktiken verdichtet ist. Einen Grundstein dazu lieferte schon Walter Benjamin mit seinem *Passagen*-Werk und mit *Paris, Hauptstadt des 19. Jahrhunderts*. Und eine solche »Theorie der Stadt« ist wiederum im Fall von Paris eine weitreichende, während die auf Wien bezogenen Diskurse, die in so etwas wie eine »Theorie von Wien« hätten münden können, neben der wiederholten Klage über die nicht stattgefundene bzw. unvollendete bürgerliche Revolution und das Modernitäts-Defizit vor allem die auf den Wiener Straßen herumliegenden Klischees eingesammelt und zu neuen Meta-Klischees verarbeitet haben.

Die Textsorten Literatur und Poesie ebenso wie Wissenschaft und Theorie bereiten neben dem alltäglichen Sprechen über Stadt auch den Boden für die »Lesbarkeit« von Bildern in Malerei und Fotografie. Im Film kommen zu den Bildern unmittelbar die Töne, Stimmen und Texte dazu – und vor allem auch Figuren/Personen (soweit es sich nicht um menschenleere Dokumentarfilme handelt). Neben dem Wien-Film von Sissi & Co.: Was hat Wien vorzuweisen? Den *Dritten Mann*, der aber wieder in den Prater, ins Palais und ins unterirdische Kanalsystem zurückführt, dorthin also, wo wir herkommen.

»Pop eats itself« war einmal ein Slogan zum Wandel vom Authentizitäts-Rock zum Zitat-Pop. Jede Stadt frisst ihre eigenen Ablagerungen und Klischees: Auch in diesem kulinarisch-kannibalistischen Impetus ist Paris Weltmeister. Ähnliches gilt für Wien, nur in viel kleinerem Maßstab. Klischees müssen nur oft und erfolgreich genug wiederholt und ausgeschmückt werden, dann fangen auch die abgebrühtesten KritikerInnen und RationalistInnen an, sie für wahr – oder zumindest für nennens- und erlebenswert – zu halten.

Der Unterschied von Paris und Wien – was die Text-Bilder der beiden Städte betrifft – liegt darin, dass die Pariser »Figuren« extensiv-deskriptiv und weitgehend positiv auftauchen[6] (abgesehen von jenem unvermeidlichen Segment, das die Modernisierung bzw. die Zerstörung des jeweiligen »alten Paris« an den Pranger stellte). In Wien ist schon das bloße literarische Auf-

---

[5] Siehe die Ausführungen zu Berlin: Diedrich Diederichsen: *Der lange Weg nach Mitte. Der Sound und die Stadt*, Kiepenheuer & Witsch, Köln 1999

[6] Angefangen mit dem Eiffelturm. Siehe dazu der erst kürzlich auf deutsch erschienene fast hymnische Essay von 1964: Roland Barthes: *Der Eiffelturm*, Suhrkamp, Frankfurt/M. 2015

rufen der Wien-Bilder und Wien-Klischees von *Grund* auf mit Kritik und Ironisierung, Verdammung bis Re-Inthronisierung verbunden.

Auch in der gehobenen Wien-Literatur des späten 19. und frühen 20. Jahrhunderts kommen schon von Anfang an fast alle heute noch gültigen Wien-Klischees zum Tragen:

Gemütlichkeit / Liebe / Tod

Wiener Essen / Wiener Wein

Kaiser, Kaffeehaus, Kapuzinergruft

Donau, Walzer

Goldenes Wienerherz: Sängerknaben, Lipizzaner und Lustmörder

Natürlich klingt alles um einiges härter, wenn es Karl Kraus artikuliert, als bei vielen anderen Wiener Literaten (im folgenden Passus sogar mit unvorhersehbarer Aktualität):

Helfen wir uns aus der Not,
schlagen wir die Fremden tot!
Doch zu heben hilft uns mehr
Mit den Fremden der Verkehr.
[...] Hamr nix, so mach' mr was.
San mr traurig, gibt's an Gspaß.[7]

Auch das Thema Essen darf bei Karl Kraus nicht fehlen, untrennbar verbunden mit Sprachkritik, die sich über die Grammatik böhmischer und anderer Immigranten lustig macht:

Die Nahrungsfrage abzuwickeln,
findet der Dialekt Verwendung.
Er hat es schwer mit den Artikeln
und leugnet doch der Speisen Endung.
Ach Gott, es fehlt uns an der Fetten,
wir müssen fleischlos uns bequemen.
Wenn wir nur einen Butter hätten,
wir würden auch die Schinke nehmen.[8]

---

[7] \ Karl Kraus: »Wiener Mode« in: Krischker, a.a.O., S. 117
[8] \ Karl Kraus: »Wiener Mahlzeit« in: Ebd., S. 120

Die großen »Wien-Erzählungen« in einem anderen Register

Es gibt auch offizielle Wien-Erzählungen jüngeren Datums, die aber selbst wiederum an der Grenze von »Traum und Wirklichkeit« angesiedelt sind. In dem sehr lesenswerten Tagungsbericht *Imaging Vienna* werden drei solche »Wien-Erzählungen im internationalen Kontext«[9] abgehandelt, die aber – offenbar eine der Wiener Schwächen, wenn nicht Krankheiten – die unmittelbare Verquickung von Geschichte, Politik, Kultur und »symbolischem City-Management« demonstrieren:

Wien als Musikstadt

Wien um 1900

Das Rote Wien

Letzteres wird zwar in der Einleitung des Bandes genannt, kommt aber nicht mehr weiter vor. Über die Sichtung in *Imaging Vienna* hinaus gibt es natürlich noch eine ganze Reihe weiterer Wien-Erzählungen:

Die Wiener Ringstraße

Kongressstadt

UNO-Stadt

Donauinsel

Stadt mit der höchsten Lebensqualität.[10]

Alles in allem also »eh sehr viel«, man könnte damit doch zufrieden sein. Monika Sommer – Mitherausgeberin von *Imaging Vienna* – fasst diesbezügliche Dimensionen unter dem Titel »Das Surplus von Wien. Stadterzählungen zwischen Ikonisierung und Pluralisierung«[11], wobei weitgehend nur die »Ikonisierungen« behandelt werden und nicht die postulierte »Wechselwirkung von interessegeleiteter, strategischer Identitätspolitik ›von oben‹ und erlebter Stadt ›von unten‹«:

»Formative Stadterzählungen werden ergänzt oder kontrastiert durch die alltagsbezogene Stadtemotion, die für die alltägliche Bewährung in der komplexen Großstadt notwendig ist und als individuelles *mental mapping* gewissermaßen zum Sozialisationspaket jedes geborenen Großstadtbewohners oder jeder gelernten Großstadtbewohnerin gehört, aber primär ›privat‹ bleibt,

---

[9] Monika Sommer, Marcus Gräser, Ursula Prutsch (Hg.): *Imaging Vienna. Innensichten, Außensichten, Stadterzählungen,* Turia + Kant, Wien 2006, S. 189 ff
[10] Siehe die sogenannten »Mercer-Umfragen« beim international agierenden Management u.a.
[11] Monika Sommer: »Imaging Vienna – Das Surplus von Wien. Stadterzählungen zwischen Ikonisierung und Pluralisierung« in: Sommer et al.: a.a.O., S. 9 ff

milieugebunden, kleinräumlich ist [...]. Persönliche Stadtemotionen von Menschen unterschiedlicher sozialer Herkunft können hegemoniale Stadterzählungen gegen den Strich bürsten oder aber zu deren Fixierung beitragen.«[12]

Zu dieser »anderen Seite« der Stadterzählungen gibt es – entgegen der programmatischen Ankündigung – keine genuinen Beiträge, die in der Tat wesentlich weitläufigere Recherchen erfordert hätten: Aufzeichnung zahlloser Gespräche und deren Auswertung.

Liebe, Hass und Zwischentöne

Wienerinnen und Wiener kommen offensichtlich kaum darum herum, Wien zugleich zu lieben und zu hassen, Wiens Qualitäten und Wiens Mängel in einem Atemzug aufzulisten, was die TouristInnen dann entweder charmant, unverständlich oder grenzwertig finden. Aber am Ende können »alle« kaum anders, als Wien doch irgendwie zu lieben. Auch Ingeborg Bachmann kam zu dem Schluss: »Es ist die Frage, ob man lieben muß, was man nicht lieben mag, aber die Stadt ist schön.«[13] Also ein bisserl »Wien-Bashing« gehört in dieser Stadt schon unvermeidlich dazu.

Die Texte des harten Kerns – Autoren wie H. C. Artmann, Gerhard Rühm oder Helmut Qualtinger – operieren anders. Der zumeist unausgesprochene, aber bewusste *Grund* ist: Nachkriegszeit, Postfaschismus, Wiederaufbau, Sozialpartnerschaft und grenzenloser kultureller Konservativismus: Da kommt es nie zur Liebeserklärung, aber die Einfühlung und der Mitvollzug aller subtilsten Register des Wiener Dialekts bzw. des Wiener Schmähs – und deren genaue, »liebevolle« und auch originelle Transkription – führen dazu, dass man – vermittelt über das großartige Wiener Sprachvermögen vor allem der »unteren Schichten«, aber auch über die gehobene Wiener Cottage- und Hofrat-Ironie – dann gleich doch Wien als Ganzes mitlieben muss. Und auch den genannten Autoren wird man unterstellen können, dass sie – bei allen

[12] Ebd. S.16 f
[13] Bachmann, a.a.O, S.12

Angriffen und Bloßstellungen – Wien als ihre »Quelle« dann doch auch »irgendwie zu lieben« vermochten.

Dabei sind auch bei den elaboriertesten dieser Schriftsteller und Dichter die Wien-Formeln – um nicht Wien-Klischees zu sagen – inhaltlich erstaunlich eng und linear. Danke, ich hab verstanden, kann man angesichts vieler dieser Wien charakterisierenden Verszeilen sehr bald sagen. Neue, erhellende Einsichten zu Wien sind auch in diesem »avantgardistischen« Diskurs kaum zu finden. Gerhard Rühm sagt es ja im Klartext:

> *dar wein dar wein dar wein*
> *dar wein dar wein dar wein*
> *sunsd foed ma goa nix ein.*
> *Dar schdeffe ewendduö*
> *[...] sunsd foed ma i schwea s nix mea ein*[14]

Auf wissenschaftlicher Ebene ist immerhin bewusst: »Gleichzeitig ist uns klar, dass das Nachdenken über Stadtimages ohne deren Reproduktion nicht auskommt und sie somit weiter belebt.«[15]

Wien ist die kleinste Großstadt der Welt, vielleicht auch nur die größte Kleinstadt: Wir haben ja auch nur einen Steffl, einen Ring und eine Mariahilfer Straße. Paris hat immerhin den Eiffelturm und mindestens 20 prominente Boulevards und Avenues, 30 urbane Plätze sowie einige architektonisch sehr gelungene *Grands Projets* aus den letzten fünf Jahrzehnten.

William Johnston unterstellt der Wiener Philosophie, ja der ganzen Kultur der Stadt, eine tiefe Skepsis gegenüber großen, geschlossenen Systemen und damit einen gewissen subversiven Hang zu Brüchen, Fragmentierungen und detaillierten Infragestellungen universaler Konzepte.[16] Ob nicht auch dies wieder eines der wohlwollenden Märchen ist, die Defizite in den Rang von zeitgeistig respektablen Paradigmen erheben?

Die Wien-Literatur ist zwar dauerhaft geprägt vom »Kampf gegen Walzer- und Heurigen-Klischees«[17], aber dann kommt dennoch verlässlich auf jeder zweiten Seite wieder der Wienerwald, die Hassliebe zur Donau (die nie blau genug war) und jedes der bekannten und denkbaren Wien-Bilder. Das »Wiener Schmalz« (zwischen rührseligem Gefühl und Verlogenheit) wird

---

[14] \ Gerhard Rühm: »dar wein« in: Kritschker, a.a.O, S.126 (»Der Wein [...] Der Stephansdom eventuell, ansonsten – ich schwöre es – fällt mir nichts mehr ein«)
[15] \ Sommer et al., a.a.O, S.17
[16] \ Verweis auf Johnston, in: Friedrich Achleitner: »Der topografische Widerstand« in: Sommer et al., a.a.O., S. 43, 46
[17] \ Daniela Strigl: »›stadt im fetten walfischbauch‹ – Wien-Bilder in der zeitgenössischen Literatur« in: Sommer et al., a.a.O., S.127

extensiv zelebriert und zugleich kritisiert. Letztlich wird aber das Diktum Artmanns »nur ka schmoez how e xogt!« von Qualtinger/Merz im *Herrn Karl*[18] nach allen Auslassungen ad absurdum geführt: wieder ein Klischee, das Wien eine phantastische Ambivalenz und Hybridität unterstellt und schon im Medium des Wiener Schmähs Ironie und Distanz, Selbstreflexion und Selbstkritik einfordert. Allerdings in der Tat: Wer mit diesem Vermögen nicht aufwarten kann, macht sich noch heute in jedem echten Wiener Kaffeehaus, erst recht aber in den leider immer seltener werdenden Wiener Beiseln, Weinhäusern und Vorstadtespressos verlässlich lächerlich.

Belehrungen und Warnungen allerdings, wie sie H.C. Artmann noch 1958 (in den folgenden Zeilen) oder Helmut Qualtingers Herr Karl 1961 formulieren konnten, lassen sich heute nicht mehr ohne weiteres aktualisieren:

> *waun owa r ana r a gedicht schreim wüü*
> *und iwahaubt no a weanaresch dazua*
> *daun sol a zeascht med sein heazz*
> *med sein bozwachn untan goidzaun*
> *nua recht schnöö noch otagring ausse*
> *oder sunztwo zu an bruknglanda gee!*[19]

Damals – 1958, 1961, aber durchaus noch in den 1970er Jahren – war unabdingbar: Was willst denn DU über Wien wissen und sagen, wenn DU das alte, äußere Ottakring, Hernals, Meidling oder Favoriten, Floridsdorf und Simmering gar nicht wirklich kennst: Also »hoet di Pappn, wauns'd kaa Ahnung host«! Die Globalisierung der Vorstädte, der Verlust zahlloser kleiner Handwerksbetriebe, Geschäfte, Wirtshäuser und Vorstadt-Cafés – also qualifizierter Nutzungsmischung und belebter Erdgeschoszonen für die Nahversorgung – hat weite Teile der Stadt in »Schlafstädte« verwandelt, ein Topos, unter dem man in den 1970er Jahren die neuen Stadterweiterungsgebiete kritisiert hatte.

Die Fotografien zum *Wiener Grund* zeigen den Bestand knapp nach der großen Bankenkrise 2008, bevor ein flächendeckendes Immobilieninvestment, verbunden mit wohlmeinender Stadterneuerung einsetzte und – wohl unver-

---

[18] \ *Nur kein Schmalz, hab ich gesagt*«: als »poetisches Programm« Strigl in: Sommer et al., a.a.O., S.128

[19] \ H.C. Artmann: *med ana schwoazzn dintn*, Otto Müller, Salzburg 1958 (»Wenn aber einer ein Gedicht schreiben will, und überhaupt ein wienerisches, dann soll er zuerst mit seinem Herzen, seinem patzweichen unter dem Goldzahn, nur recht schnell nach Ottakring hinaus oder sonstwo zu einem Brückengeländer gehen!«)

meidlich – die alten, seit 1900 kaum veränderten Zinskasernen modernisiert, parifiziert, die abblätternden Mauern geglättet und – wo immer möglich – höhere Mieten verlangt oder niedrigere ältere Häuser abgebrochen und durch architektonisch oft dürftige Neubauten ersetzt werden.

In einem großen Bogen verschwinden mit den Rest-Atmosphären der »Wiener Vorstadt« – ein etwas pauschaler Topos – auch die Sprachkompetenzen des Wiener Dialekts. Könnte man fragen, was einschneidender ist: der Verlust eines alten Hauses – oder der Verlust einer ganzen Sprache?

Die Opposition von H. C. Artmann und des späteren Kerns der wiener gruppe gegen die »offiziellen« Wien-Identitäten der Gemütlichkeit lag oft weniger in den ausdrücklichen Inhalten, als in einem Differenz-Bewusstsein, in nahezu radikal zu nennenden Brechungen im Wiener Schmäh sowie in der damals neuartigen phonetischen Transkription des Wiener Dialekts als sprachexperimentelle Form, die Aussagen auf die Spitze treiben konnte. Diesem – aussterbenden (?) – Wiener Schmäh ist keine Theorie gewachsen, keine Poesie Wiener oder internationalen Zuschnitts, aber auch ebenso wenig eine sprachliche Denkmalpflege oder Dialekt-Schutzzone. Es ist zu Recht heute viel von verpflichtenden Deutschkursen die Rede – wie utopisch wäre erst eine Wiener-Dialekt-Grundstufe.

Die Wien- und Österreich-Geschichte ist aber offenkundig trans-kulturell übertragbar. Thomas Bernhard gehört in Frankreich angeblich noch immer zu den meistgelesenen und -geschätzten Berühmtheiten, weit vor sehr vielen der ganz großen französischen SchriftstellerInnen. Nur: Ob und wie sie's halt verstehen, etwa wenn Thomas Bernhard 1982 schreibt, wie er das Wiener Kaffeehaus immer gehasst hat, ihm aber dennoch die längste Zeit treu geblieben ist...? Vermutlich sind indessen die Wiener Denk- und Gefühl-Figuren inzwischen international konvertibel:

»Das typische Wiener Kaffeehaus, das in der ganzen Welt berühmt ist, habe ich immer gehaßt, weil alles in ihm gegen mich ist. Andererseits fühlte ich mich jahrzehntelang gerade im Bräunerhof, das immer ganz gegen mich gewesen ist (wie das Hawelka), wie zuhause, wie im Café Museum, wie in anderen Kaffeehäusern von Wien, die ich in meinen Wiener Jahren frequentiert habe. Ich habe das Wiener Kaffeehaus immer gehaßt und bin immer wieder in das von mir gehaßte Wiener Kaffeehaus hineingegangen, habe es täglich aufgesucht, denn ich habe, obwohl ich das Wiener Kaffeehaus immer gehaßt habe und gerade weil ich es immer gehaßt habe, in Wien immer an der *Kaffeehausaufsuchkrankheit* gelitten, mehr unter dieser Kaffeehausaufsuchkrankheit gelitten als an allen andern. [...] Andererseits bin ich, auch das ist die Wahrheit, in meinen Wiener Kaffeehäusern auch heute noch mehr zuhause als bei mir in Nathal, in Wien überhaupt mehr als in Oberösterreich [...] .«[20]

Im Übrigen schrieb Thomas Bernhard weder Dialekt-Romane noch avantgardistische Texte in der Art der wiener gruppe, wie auch viele Wiener/ österreichische Rock- und Pop-MusikerInnen gleich auf Hochdeutsch oder Englisch für den erhofften deutsch- oder englischsprachigen Markt singen ...

Was ist es also letztlich – dieses »Wien«?

»Ich bin oft von diesem maßlosen, unbedachten Begehren erfasst, über Wien etwas zu sagen, über Wien ein endloses Gespräch zu führen, das im Grunde keinen anderen Inhalt hat, als den Geschmack des Wortes WIEN, ein Geräusch, das stets seine Hörer findet [...].«[21]

»Da Wien ein Wort ist, steckt Wien am meisten in der Aussprache der Wiener. Es ist eine eigenartige Aussprache, das heißt, der ›echte Wiener‹ kann sein Wienerisch so forcieren, dass man anderswo, wo man auch glaubt, Deutsch zu sprechen, ihn niemals verstehen wird.«[22]

Am Ende kommt Franz Schuh wiederum auf eine Art von schwerwiegender Unheilbarkeit der »Wien-Krankheit« zu sprechen, wie sie auch in zahllosen Texten der Sammlung *Wien im Gedicht* in unterschiedlichsten Ausprägungen tonangebend ist:

»Es war spöttisch, unterschwellig jedoch anerkennend gemeint, als Helmut Schödel schrieb, Wien sei die größte Kleinstadt der Welt. Ich glaube, das ist ein Schlüssel zur Stadt: Wien, keine kleine Stadt, gewährt die Annehmlichkeiten des Kleinstädtischen, ohne sie mit den Nachteilen einer

---

[20] Thomas Bernhard: *Wittgensteins Neffe. Eine Freundschaft*, Suhrkamp, Frankfurt/M. 1982, S. 139, 141
[21] Franz Schuh: *Über Wien am Rande. Thesen zur ›Urbanität von Städten‹* in: Sommer et al., a.a.O., S. 180
[22] Ebd. S. 181

Großstadt zu verbinden. Für mich war das der Grund, warum ich stets weg wollte, und zugleich der Grund, warum ich nie weg konnte. In Wien kann man kleben bleiben.«[23]

Und somit ein echter *Wiener Grund* ...

[23] Ebd. S. 187 f

Heterotopien

III., ARSENALSTRASSE

I., VOLKSGARTENSTRASSE

XVII., PARHAMERPLATZ

VIII., SCHLÖSSELGASSE

VI., SCHADEKGASSE

XVII., LIDLGASSE

IX., LAZARETTGASSE

XX., BRIGITTENAUER LÄNDE

XX., ADALBERT-STIFTER-STRASSE

XVII., ROSENSTEINGASSE

II., STUWERSTRASSE
III., JAURÈSGASSE
XVII., NEUWALDEGGER STRASSE

II., ENNSGASSE
II., PRATERSTERN
XII., WOLFGANGGASSE

II., FRIEDENSGASSE
V., SIEBENBRUNNENGASSE

II., STELLA-KLEIN-LÖW-WEG

II., NORDPORTALSTRASSE
V., SCHÖNBRUNNERSTRASSE
XVI., HERBSTSTRASSE

XV., LINKE WIENZEILE

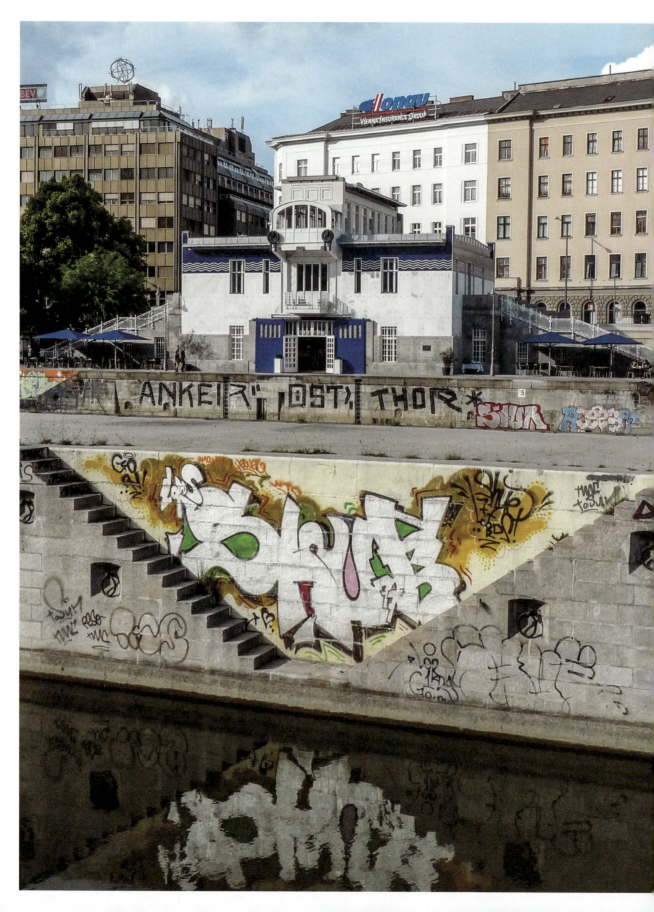

VIII., SCHLÖSSELGASSE
IV., KLAGBAUMGASSE
XVII., NEUWALDEGGER STRASSE

XIX., HEILIGENSTÄDTER LÄNDE
II., PRATERSTRASSE
VI., LINKE WIENZEILE

XVII., HERNALSER GÜRTEL
VII., SCHOTTENFELDGASSE
XXII., ASPERNSTRASSE

II., WOHLMUTSTRASSE
VI., LINKE WIENZEILE
IV., KLAGBAUMGASSE

XVIII., ANTONIGASSE
XII., OSWALDGASSE

II., BLUMAUERGASSE

XXIII., FORCHHEIMERGASSE
XVIII., GERSTHOFER STRASSE

XII., ALTES SCHÖPFWERK

XVI., HUTTENGASSE

XXIII., DIRMHIRNGASSE

XVII., ROSENSTEINGASSE

VI., LINIENGASSE
XVI., OTTAKRINGER STRASSE

I., FREYUNG
XX., ADALBERT-STIFTER-STRASSE
V., RECHTE WIENZEILE

XVII., RANFTLGASSE
II., OBERE DONAUSTRASSE

SEITE 158: II., UNTERE DONAUSTRASSE
SEITE 159: XVI., BLUMBERGGASSE

162

XVIII., STAUDGASSE
VIII., LAUDONGASSE
XVII., RÖTZERGASSE

XV., PFEIFFERGASSE

XIII., SCHÖNBRUNN
XV., SCHMELZBRÜCKENRAMPE

Der ästhetische Mehrwert des Verfalls

»Der ästhetische Mehrwert des Verfalls« ist eine Formel, die ich gerne zur Beschreibung und Wertschätzung der vielfältigen Muster von Oxidationen, »malerisch« aufgebrochenem Verputz und allen Arten von verwahrlosten und dunklen alten Ecken im Wiener Stadtraum verwende. »Rotzgrün, Blausilber und Rost: gefärbte Zeichen.«[1]

Die Erscheinungsformen des Verfalls – wie sie in den vorgestellten Fotografien von Wien auftauchen – verdanken sich überwiegend einem Bündel von chemischen Prozessen, systemischen Nebenwirkungen, Fehlern und Zufällen, zuweilen auch destruktiven Interventionen. Moralisch sind es Zustände der Unordnung, der Verwahrlosung, der Verschmutzung, einer Unschicklichkeit. An jenen Stellen, wo die sorgende Kraft der Pflege und Erhaltung nachgelassen hat, entstehen unerwartete Figurationen, die sich als Symptome, Spuren oder Indizien lesen lassen: Rorschach-Test für den mentalen Zustand der Stadt.

Die mit freiem Auge sichtbaren Konstellationen des Verfalls – Bauschäden, Spuren von Abnützung, Tieren, Pflanzen, auch in Verbindung mit Graffiti, kleiner Vandalismus oder Basteleien – sind extreme Mischwesen aus der Einwirkung von menschlichen und nicht-menschlichen Akteuren: Regen, Frost, aus dem Boden aufsteigende Feuchtigkeit, Salzkristallisation, Schimmel-

[1] James Joyce: *Ulysses*, Suhrkamp, Frankfurt/M. 2004, S. 51

bildung, Korrosion, Ablagerungen von Auspuffgasen, Ausbleichungen, Ausblühungen etc. Es handelt sich um Austragungsorte von »Kämpfen« gegenläufiger Kräfte, chemischen und physikalischen Reaktionen, die unmittelbar auch eine Visualisierung von Zeit darstellen.

Manche der verwitterten und beschädigten Oberflächen von Hauswänden nehmen die Gestalt von Pflanzen oder Geistern an, sind aber auch Verwandte von Lichtflecken und Schatten an den Wänden oder von Wolkenformationen.

Viele dieser »Konstellationen« sind vollendete Bilder und erinnern an Gemälde von Wols oder Jean Fautrier, was aber nicht bedeutet, jedem malerischen Mauerflecken und jedem »schön« verrosteten Blech einen Kunstwert zuzusprechen; abgesehen davon, dass die große Zeit der Flecken und Gesten – Tachismus, Informel, Übermalungen, aber auch Aktionismus – vorbei ist.

Der ästhetische und phantasmatische Stellenwert des Verfalls hat aber eine längere Geschichte: »In dem Aufsatz *Jenseits der Malerei* bezieht sich Max Ernst ausdrücklich auf Breton: ›Man zitiert gerne, dass Leonardo seinen Schülern empfahl, bei der Suche nach einem originellen und ihnen entsprechenden Thema lange eine alte, verfallene Mauer anzuschauen.‹«[2] Und »Alberti sah [...] in unregelmäßigen Gegenständen wie Wurzeln oder Erdklumpen Umrisse, die durch leichte Änderungen in eine Form zu bringen und in ein komplettes Gebilde zu ergänzen seien.«[3]

Die Wertschätzung solcher »niederer Motive« wurde – und wird bis heute – wesentlich auch durch die Fotografie bestärkt, in einer Art medialer Eigenlogik: Wenn etwa Walter Benjamin »in einer Rede, die er 1934 im Pariser Institut für Faschismus-Studien hielt, feststellte, die Kamera sei derzeit unfähig, ein Mietshaus, einen Abfallhaufen oder gar einen Staudamm oder eine Kabelfabrik zu fotografieren, ohne ihren Gegenstand zu verklären. Angesichts solcher Motive könne die Fotografie nichts anderes sagen als: ›Wie schön‹.«[4]

An dieser Stelle soll nicht unerwähnt bleiben, dass die Verherrlichung des Verfalls ungeheure Verbreitung findet: AmateurfotografInnen und Fotogruppen gehen auf die Jagd nach Bildern verlassener Orte, kaputter Gebäude und Innenräume. Im Internet finden sich hunderte Eintragungen zur Ästhetik

[2] Rosalind E. Krauss: *Das optische Unbewusste*, Philo Fine Arts, Hamburg 2011, S. 108
[3] Horst Bredekamp: *Theorie des Bildakts*, Suhrkamp, Berlin 2010, S. 319
[4] Susan Sontag: *Über Fotografie*, Fischer, Frankfurt/M. 2010, S. 105

des Verfalls und zu allen Arten von gegenwärtigen »Ruinen«. Die entsprechenden fotografischen Motive und Aktionen nennen sich u.a. »Ruin Porn«, »Ruinophilia« oder »Urban Exploration« (»Urbex«). Hier stehen Bilder des de-industrialisierten Detroit neben leeren, überwucherten italienischen Nobeldiscos, geräumten Militärarealen in Osteuropa, verfallenen Villen oder Büro- und Industriekomplexen.

In fataler Weise schließen diese »nostalgischen« Obsessionen an die Bilder aktueller Kriegszerstörungen, Erdbeben und Überschwemmungen an. Auch Tschernobyl und Fukushima sind nicht weit davon entfernt. Mit zunehmendem zeitlichen Abstand werden diese Orte von der »Natur« zurückerobert und mehr oder weniger dicht überwachsen. Dies liegt nahe am »Mythos«, wie ihn Roland Barthes definiert hat: die Verwandlung von Geschichte in Natur als Operation der Ideologie.[5] Schwüle Texte zu diesen Fotodokumentationen sprechen von »Meditationen über Ambivalenz« oder von der Rückkehr zivilisatorischer Konstrukte zur schlichten Materialität oder gar mit Georg Simmel davon, dass sich in der Ruine die Natur für die Vergewaltigung durch den Geist räche.[6]

Aus welchen trüben Quellen stammt die kaum zu leugnende Attraktivität dieser Bilder? Handelt es sich um »schaurige Bilder«, die – nach einem kurzen Fegefeuer – wieder zur Ordnung und Reinheit intakter Oberflächen zurückfinden sollen? Oder haben wir es mit Romantik zu tun?

Schon immer geistert der Topos der Ruine durch die Kunst- und Kulturgeschichte: Babylon, Troja, Athen, Rom, pathetisch verknüpft mit Diskursen zur Erinnerung, zu Ruinen als »Schrift der Geschichte«, zum ästhetischen bis philosophischen Stellenwert von »Fragment« und »Torso«. Die große Konjunktur »natürlicher« und »künstlicher Ruinen« begann aber erst mit deren Einsatz in der Gartenkunst der Romantik.[7]

Beim Wort »Verfall« überwiegt eine negative Bedeutung: weniger von »aktiver« Zerstörung als von eigenmächtigem Gesichtsverlust. Die »positiven« Dimensionen von Verfall (wenn etwa aus Abfällen, Heu, Herbstblättern etc. neuer Humus entsteht) werden dabei verdrängt.[8]

Die prekäre perverse Schönheit von Oxidationen, Rostflecken, Pissecken, noch nicht sanierten Hauseinfahrten oder dunklen Stiegenhäusern, durch jahrzehntelanges Anstreifen freigelegte Farbschichten aus gelegentlichen

---

[5] Siehe Roland Barthes: *Mythen des Alltags*, Suhrkamp, Frankfurt/M. 1964
[6] Siehe dazu auch: Hartmut Böhme: *Natur und Subjekt*, Suhrkamp, Frankfurt/M. 1988, im Besonderen im Abschnitt »Ruinen – Landschaften. Zum Verständnis von Naturgeschichte und Allegorie in den späten Filmen von Andrej Tarkowskij«
[7] Ein klassischer Text dazu stammt von Georg Simmel: »Die Ruine« (1911), in: ders.: *Jenseits der Schönheit*, Suhrkamp, Frankfurt/M. 2008.
[8] Ökologisch wäre es ungeheuer wertvoll, wenn auch die neuen Bauteile (Plastikfenster, Dämmstoffe etc.) nach Ablauf ihrer Gebrauchszeit ähnlich verrotten würden wie die alten Materialien ...

Übermalungen an Haustoren eröffnet zugleich eine Archäologie des Alltags[9]. Übrig bleiben melancholische Metaphern der Beschädigung, des Absterbens, der Auflösung.

Architekturformen und Architekturdetails hatten ihre Quelle nicht zuletzt im Bestreben, bestimmte Schädigungen der Materialien bzw. Gebäude in Grenzen zu halten: Dazu dienten Vorsprünge, Profile, Verblechungen und Verkleidungen der Oberflächen. Das erste Ziel war, das Eindringen von Wasser in Mauerwerk bzw. Gebäude zu verhindern oder zu minimieren bzw. die Ableitung von Wasser zu organisieren. Parallel dazu und untrennbar damit verbunden erfolgte eine Ästhetisierung dieser Strategien: Architektur!

Prozesse des Verfalls können auch gezielt eingesetzt werden, wenn zur Lukrierung höherer Grundrenten Häuser saniert oder abgebrochen werden sollen. Auch denkmalgeschützte Häuser sind nicht immer davor gefeit. Vielen Hausabbrüchen gehen Strategien der friedlichen oder gewaltsamen Räumung der Objekte voran. Diesbezügliche Rechtstitel sind unter anderem die »technische« und »wirtschaftliche Abbruchreife«. Einen Höhepunkt stellt der gelegentliche Einsturz eines alten Hauses dar.

Qualität und Ausmaß solcher Zeichen des Verfalls oder der Beschädigung sind natürlich nicht gleichmäßig über die Stadt verteilt und stehen in unmittelbarem Zusammenhang mit Eigentumsverhältnissen, Verwertungsinteressen, dem ökonomischen und sozialen Status der NutzerInnen und deren Bewertung von Orten und Objekten. Bei sukzessiver Aufwertung von Stadtvierteln spricht man gerne von Gentrifizierung, was mit einem Aussterben der ärmeren Wohnbevölkerung oder deren Verdrängung zu tun hat, bevor die Bautrupps zur Sanierung und Aufhellung antreten.

Die Instandhaltung der Wiener Zinshäuser in den sogenannten Arbeitervierteln der Gründerzeit beschränkte sich infolge des im Ersten Weltkrieg eingeführten »Zinsstopps« und Kündigungsschutzes häufig auf ein Minimum. Es gibt Häuser, bei denen die Vernachlässigung der Hauseinfahrt, des Stiegenhauses und des Hofes – aber auch der Fassade – den BewohnerInnen bzw. Betrieben offensichtlich zumutbar und im besten Fall immerhin durch sehr niedrige Mietpreise legitimiert ist. Die international beachtete »sanfte Wiener Stadterneuerung« hat die zum Teil reale ökonomische Lücke gefüllt und dabei sowohl Gebrauchswerte als auch zivilisiertere Oberflächen gefördert.

---

[9] \ Siehe auch die Studie des Raumwissenschaftlers Karl Schlögel zur Alltagsästhetik im Russland des 20. Jahrhunderts: Karl Schlögel: *Archäologie des Kommunismus. Ein Bild neu zusammensetzen*, Carl Friedrich von Siemens Stiftung, München 2014

Die massive private Sanierung nach der Bankenkrise 2008 weist aber deutlich auf das spekulative Moment des Immobilienkapitals hin.

Mehr noch als die Hausfassaden sind die Innenhöfe ein ziemlich präziser Indikator für sozialräumliche, also letztlich ökonomische Rangunterschiede. Auch bei Häusern der »Vorstadt«, deren Fassaden einigermaßen instand gehalten worden sind, herrscht in vielen Höfen das nackte Grauen von Verwahrlosung, abgestelltem Müll, ewiger Baustelle etc., während bei anderen die BewohnerInnen mit kleinteiliger Pflege und Begrünung sowie mit Maßnahmen zur besseren Nutzbarkeit des Innenhofes begonnen haben: Aufstellen von Sesseln, Tischen, Pflanzen und einer Sandkiste für die Kinder.

Den spezifischen Wiener Formen von Städtebau und Architektur entspricht auch eine Wiener »Kultur der Bauschäden«. Dies hat mit tradierten Bauweisen zu tun, aber auch und nicht zuletzt mit den klimatischen und hydrogeologischen Variablen von Wien: durchschnittliche Regen- und Frosttage, Bodenbeschaffenheit und Grundwasser.

Eine völlig andere Linie der Dekadenz von Stadträumen hängt mit dem Wandel von Arbeits- und Lebensformen sowie Einkaufsgewohnheiten zusammen. Außerhalb der zentralen Zonen kam es zur massiven Abwanderung von Betrieben und zur Schließung sehr vieler Gaststätten und Geschäfte – Prozesse, die immer noch im Gang sind. Die abgestorbenen Erdgeschossnutzungen konnten bis heute nur zum Teil durch die Neuansiedlung von Kleinbetrieben der sogenannten Creative Industries (Design, Architektur, EDV, Beratung, Ateliers, autonome Sozialeinrichtungen etc.) kompensiert werden. Die Neubauten im dichten Stadtgebiet sind häufig gestalterisch so »bescheiden«, dass sie gegenüber den bestehenden Altbauten mit einigen verbliebenen Nutzungen, Resten alter Portale, Aufschriften und historistischem Fassadendekor ästhetisch beträchtlich abfallen. Zusammengenommen ergeben sich – auch in der Mischung von Alt und Neu sowie in den Gebäude- und Nutzungstypologien – eigensinnige Bilder einer »Wiener Hybridität«, die zwar ihren Reiz, jedoch in Diskursen der Stadtgestaltung keinen Platz haben.

Eine wesentliche Differenz liegt allerdings darin, dass alle Altbauten aus Ziegeln und Verputz bestehen, die laufend Umbauten, Einbauten und Nutzungsänderungen erlauben, während die Neubauten aus Beton und Wärmedämmungen aus Styroporplatten eine dürftige Ästhetik verewigen, auch wenn sie oft bunt angemalt sind. Viele der gewerblichen Bauten der Gründerzeit – nicht selten in unverputzter Ziegel- bzw. Klinkerbauweise, mit betrieblichen Freiflächen, Werkshallen und einzelnen Bäumen – sind inzwischen dem Stadtumbau und der Stadtverdichtung zum Opfer gefallen.

Ästhetik der Gegenkultur

Eingestreut in die Regelhaftigkeit der Wiener Stadträume und in die Entropie der Modernisierung, Aufhellung und Banalisierung des Baubestandes gibt es aber auch andere oppositionelle Linien des Verfalls: leerstehende Objekte in Übergangszonen ehemaliger Industrieareale, Bahntrassen und Infrastrukturen, die seit den frühen 1970er Jahren von KünstlerInnen und AkteurInnen der Jugend- und Gegenkultur angeeignet bzw. erkämpft wurden. Eine solche zunächst reaktive, in der Folge auch programmatische Anti-Ästhetik war frühzeitig besonders ausgeprägt in New York, in englischen Industriestädten oder in Berlin an den Rändern der Mauer, wo künstlerische Avantgarden – bildende Künstler, Filmemacher, Musiker – billige Nischenräume zum Arbeiten und Leben fanden, während in den 1950er und frühen 1960er Jahren auch in Wien noch Kellerräume als Spielstätten und Clubs von Jazz und Avantgarde genügt hatten.[10]

Aus dieser Raumpraxis entwickelten sich zugleich auch eigenständige Formen des ästhetischen Widerstands mit Paradigmen des Schmutzigen, Improvisierten: dirty sounds und loudness als Qualitätsmarken für Jazz und Rock. Was für die Nachkriegsjugendlichen und KünstlerInnen noch Gewöhnung an Verfallserscheinungen der »alten Stadt« war, verwandelte sich allmählich in ein Signum des Widerstands. Jede zweite oder dritte Rockband ließ sich vor einer kaputten Ziegelmauer fotografieren. Die Zertrümmerung eines Klaviers im *1. literarischen cabaret* durch die wiener gruppe und die Aufführungen der Wiener Aktionisten waren sowohl Provokationen gegen

[10] \ Siehe dazu: Heinrich Deisl: *Im Puls der Nacht – Sub- und Populärkultur in Wien 1955–1976*, Turia+Kant, Wien 2013

Wirtschaftswunder, Konsumkultur und Kleinbürgerlichkeit, als auch Manifestationen gegen Verheißungen der künstlerischen Moderne. Allein schon der Titel *Verschimmelungsmanifest* von Friedensreich Hundertwasser kokettierte mit dieser Ästhetik des Verfalls. Die Wiener Gasthäuser und Kaffeehäuser waren ebenso dunkel wie noch die meisten Häuser und Straßen, was aber die Aufbruchsstimmung der Avantgarden und Gegenkulturen nicht störte. In London kulminierten 1976 die Ästhetiken von Trash und Junk in Punk als Musikstil, Haltung und Habitus einer Kritik der Kritik.

Zeitgleich war in Wien 1976 das große Jahr der Besetzung des Schlachthofs in St. Marx im Gefolge einer offiziellen Festwochenveranstaltung und die Ausrufung der »Arena« als alternative Stadt in der Stadt, in der es über die Musik- und Kunstszene hinaus für »100 Tage« gelang, neben der Szene auch völlig »untypische« Gruppen – Rocker, Biker, PensionistInnen, SozialarbeiterInnen, Aktivisten aus eher kunstfernen politischen Alternativen – in einem selbstverwalteten Gegen-Areal zu organisieren. Dies war mit der Räumung und Schleifung dieser ersten Arena bald zu Ende, hinterließ jedoch deutliche Spuren im Stadtgedächtnis.[11] Als Ersatz wurde von der Stadt ein anderer, kleinerer Teil des alten Schlachthofs – die neue Arena – freigegeben und gefördert, die bis heute einen wertvollen exterritorialen Spielort darstellt und zusammen mit subtilen neuen Einbauten das Flair der alten Ästhetik der Gegenkultur bewahrt hat.

Viele über das Stadtgebiet verstreute Garageneinfahrten wirken im übrigen wie Zitate jener »Ästhetik des Verfalls«, was im paradoxen Gegensatz zur Perfektion des neuen Auto-Designs steht. Solange parallel dazu die Reste der Vorstädte und deren Überformung durch alle inzwischen favorisierten Stile in Gasthäusern, Espressos, Auslagengestaltungen etc. fortbestehen, ergibt sich daraus eine spezifische Wiener Hybridität, beinahe eine Schutzzone von Alltagsästhetik im Paradigma einer subtilen mitteleuropäischen Banalität.

Ein Zünglein an der diabolischen ästhetischen Waage des Stadtraums bilden Graffiti und andere Zeichen des »Hier-gewesen-Seins«. Sie hängen zwar nicht direkt mit den Erscheinungsformen des Verfalls zusammen, finden sich aber häufig an solchen Orten, was damit zu tun haben wird, dass Graffiti – nachdem sie verboten sind – sich auf Orte und Gegenden konzentrieren,

[11] Rudolf Kohoutek, Gottfried Pirhofer: »St. Marx« in: *Hammer & Sonnenuntergang*, Falter Verlag, Wien 1987, S. 153–180

die von Zeichen des Verfalls, der Verschmutzung und von geringerer Fußgängerfrequenz und sozialer Kontrolle gekennzeichnet sind.

Graffiti paraphrasieren bzw. akzentuieren besonders gerne städtische Bauformen wie Feuermauern, Garagentore und -einfahrten, Blindfenster, Mauervorsprünge, leerstehende Geschäfte, vergammelte Häuser, Tore und Plakatwände. Sie spielen mit der Grenze zwischen öffentlichen und privaten Räumen. In ihren besten Erscheinungsformen sind sie ironische Kommentare zum Zustand der Gegenwart. »Silent Street Monologue« lautete eine gesprayte Inschrift auf einem inzwischen sanierten Haus in der Myrthengasse.

In einer Art von »leichtsinniger Unbefugtheit«[12] könnte man postulieren, dass im Prinzip jede beliebige Sichtweise auf die »Oberflächen der Stadt« gerechtfertigt erscheint und somit alle möglichen Einwände gegen einen ästhetischen Mehrwert des Verfalls – zumindest vorübergehend – beiseite gelassen werden können. Und man kann noch einen Schritt weiter gehen und festhalten, dass erst die genaueste Beschreibung stadträumlicher – architektonischer, sozialer, technischer, ästhetischer, ökonomischer, politischer – Zustände den Ausgangspunkt für Bewertungen und Schlussfolgerungen bilden könnte. Der in Fotografien von Wiener stadträumlichen Konstellationen postulierte »ästhetische Mehrwert des Verfalls« ist damit ein provokativer Ausgangspunkt für künftige Bestandsaufnahmen der Stadt. Dazu gehört neben der unmittelbaren Anschauung auch die Freilegung von Traditionen und Kontroversen vielfältigster Art, die im Stadtraum wirksam sind.

»Die Stadt«, sagt Joseph Vogl, »ist gebaute Architektur und imaginärer Ereignisraum zugleich. Und wie Walter Benjamin einmal in den Metropolen des 19. Jahrhunderts eine phantasmagorische Ambivalenz von Urlandschaft und Moderne gesehen hat, so läßt sich in den Fiktionen städtischer Topographie heute vielleicht die entdifferenzierte, instabile Form eines ›beliebigen Raums‹ erkennen: *ein Ort des Möglichen und der virtuellen Verbindungen.* Dieses Verhältnis von Raumordnung und Ereignisstruktur könnte mit dem Begriff des Risikos gefaßt werden, der eine manifeste Ereignislosigkeit auf ein Potential von Begebenheiten verweist und sich – zuweilen – mit dem Einbruch namenloser Gewalt realisiert.«[13]

Und bei Italo Calvino heißt es: »Aber die Stadt erzählt ihre Vergangenheit nicht, sie enthält sie wie die Linien einer Hand, eingeschrieben in die

---

12 \ David Martyn: »Die Autorität des Unlesbaren« in: Karl Heinz Bohrer: *Ästhetik und Rhetorik. Lektüren zu Paul de Man*, Suhrkamp, Frankfurt/M. 1993, S. 27

13 \ Vgl. Joseph Vogl: »Beliebige Räume«, Programm der Tagung TECHNOPOLIS. Telekommunikative Stadt(t)räume im 20. Jahrhundert / Wien, IFK Internationales Forschungszentrum Kulturwissenschaften, Wien, 14. November 2001

Ränder der Straßen, die Gitter der Fenster, die Handläufe der Treppengeländer, die Antennen der Blitzableiter, die Masten der Fahnen, jedes Segment seinerseits schraffiert von Kratzern, Sägespuren, Kerben und Schlägen.«[14]

Hier schließt sich der Kreis des ästhetischen Mehrwerts des Verfalls: zwischen Erinnerung an Vergangenes, Geschichtsschreibung und Nostalgie, einer gesamtgesellschaftlich nie angeeigneten »Moderne«, Protest gegen abgebrochene Biedermeierhäuser und die Moden und Trends von »Urban Exploration« – wie sie aktuell auch in Wien betrieben werden. Eine fortbestehende Anziehungskraft von Ästhetiken des Verfalls taucht – neben Flohmarkt und Altwarengeschäften – in immer neuen Formen auf: Auch teuerste Modemarken verkaufen zerschlissene Jeans mit industriell produzierten Löchern als »Shabby Chic«.

Aber was wäre Wien wirklich, wenn es die von den Einwirkungen der Zeit gezeichneten alten Häuser und Ecken einmal nicht mehr gäbe und die Stadt flächendeckend saniert wäre: Der Herr Karl im Bio-Supermarkt oder im Show-Room für teure neue Küchen? Allerdings: Die existierenden Nuancen zwischen Weiß, Grau und Schwarz, die Abschattierungen von Farben und der unwahrscheinliche Wiener Stadtbild-Surrealismus lassen sich weder künstlich reproduzieren noch nachhaltig musealisieren.

Auch in der kommenden Architektur und in einem anderen Städtebau geht es um feinere Differenzierungen. Eines der subtilsten Programme für Nuancen findet sich in der Vorlesung *Das Neutrum* von Roland Barthes. Er hielt sie 1977/78 am Collège de France:

»Neutrum nenne ich dasjenige, was das Paradigma außer Kraft setzt.«[15]
»Keine Angst mehr vor Bildern haben.«[16]
»Aufblitzen des Zartgefühls.«[17]

Und könnten Henry Millers Erinnerungen an die *Stillen Tage in Clichy* vielleicht auch für Wien gelten? »Ich dachte an diese unermessliche Welt von Grau, die ich in Paris kannte ...«[18]

---

14 \ Italo Calvino: *Die unsichtbaren Städte*, Carl Hanser, München-Wien 2007, S. 18 f
15 \ Roland Barthes: *Das Neutrum*, Vorlesung am Collège de France 1977–1978, Suhrkamp, Frankfurt/M. 2005, S. 32
16 \ Ebd., S. 43
17 \ Ebd., S. 68
18 \ Henry Miller: *Stille Tage in Clichy*, Rowohlt, Reinbek bei Hamburg 1968, S. 14

Materialien

XVI., LERCHENFELDER GÜRTEL

XVI., BRUNNENGASSE
VIII., LAUDONGASSE
XVI., OTTAKRINGERSTRASSE

VII., WESTBAHNSTRASSE
I., SCHWERTGASSE

XXI., BRÜNNER STRASSE
XIX., MUTHGASSE
II., SCHREYGASSE
VI., MOLLARDGASSE
XVII., HERNALSER HAUPTSTRASSE

VII., KAISERSTRASSE
VI., HORNBOSTELGASSE

VII., NEUBAUGASSE
II., HEINESTRASSE

VIII., SCHLÖSSELGASSE
I., SCHWERTGASSE

XVIII., KREUZGASSE

IX., MEYNERTGASSE

IX., LAZARETTGASSE

I., SALVATORGASSE

III., LANDSTRASSER HAUPTSTRASSE

II., HANDELSKAI

XV., ULLMANNSTRASSE

IX., ALSERSTRASSE

IX., BRÜNNDLBADGASSE
XVII., HERNALSER HAUPTSTRASSE
VIII., BENNOGASSE
VI., WINDMÜHLGASSE

VIII., LANGE GASSE
XIX., MUTHGASSE

V., MARGARETENSTRASSE

IX., PFLUGGASSE

XVI., THALIASTRASSE

V., HAMBURGERSTRASSE
VII., NEUSTIFTGASSE
III., OBERE VIADUKTGASSE

V., ZIEGELOFENGASSE
III., GEUSAUGASSE

III., BEATRIXGASSE
XVII., HERNALSER HAUPTSTRASSE

XVII., HERNALSER GÜRTEL
I., SCHÖNLATERNGASSE

IX., BRÜNNLBADGASSE
VI., LINKE WIENZEILE
VIII., SKODAGASSE

VII., NEUSTIFTGASSE
V., MARGARETENSTRASSE

V., HAMBURGERSTRASSE
V., ARBEITERGASSE
VIII., ALSERSTRASSE

SEITE 198: V., SIEBENBRUNNENGASSE
SEITE 199: IX., ALSERSTRASSE

XVI., OTTAKRINGER STRASSE

VII., KELLERMANNGASSE
VIII., SCHÖNBORNPARK

XVI., FRIEDMANNGASSE
XX., WEXSTRASSE
II., HELENENGASSE

XVI., PAYERGASSE

XVII., HERNALSER GÜRTEL

Wiener Grund

An der Oberfläche ist Wien eine ruhige Stadt, vor allem, wenn man sie mit anderen Großstädten vergleicht. Auch jene, denen Wien immer »zu ruhig« war, haben inzwischen gelernt, die relative Ruhe zu genießen. Aber was ist die Formel für dieses ruhige Wien? Versandet hier die Globalisierung in einem weichen Wiener Kern (im »Gemischten Satz«)? Bei allem Geschnatter sind die Wiener Kaffeehäuser und Gasthäuser ruhig, weil eine Wiener Regel die Dämpfung der Vokale und die Verschleifung der Konsonanten verfügt. Ruhig ist es im Zentrum von Wien: am Stephansplatz oder am Graben, auch wenn er voller Touristen ist, durchpflügt von WienerInnen, die zu einem Termin eilen.

Wien ist klein, gemessen an den wirklich großen Metropolen der Welt, klein im Vergleich mit London oder Paris. Zugleich ist unübersehbar, dass Wien in der Wahrnehmung durch die »Welt« eine bestimmte Signifikanz und »Energie« ausstrahlt, die es ohne Zweifel aus seiner Geschichte bezieht. Es gibt immer noch viele, denen Wien nicht modern genug ist; aber wendet sich nicht gegenwärtig das Blatt? Die Wertschätzung einer etwas ruhigeren, sozialeren, besser verwalteten Stadt wird noch zunehmen.

Im 19. Jahrhundert musste sich Wien – später und in etwas kleinerem Maßstab als Paris – als »Großstadt« neu erfinden. 1858 wurde mit dem Abbruch der Stadtmauern und der Anlage der Ringstraße begonnen, die bereits 1865 eröffnet wurde: ein Planungs- und Realisierungszeitraum, der kürzer war als für viele heutige Großprojekte.

Die außerhalb der Stadtmauern liegenden dichten Vorstädte wurden eingemeindet und mit einem durchgängigen Raster von Straßen und Baublöcken überzogen, der sich nach der Schleifung der äußeren Stadtmauern – Linienwall und heutiger Gürtel – nach außen fortsetzte.

Dass viele Vororte bis heute im Ansatz erhalten sind – in den äußeren Bezirken von Wien: Hietzing, Lainz, Speising, Mauer, Dornbach, Sievering, Grinzing, Nußdorf, Stammersdorf etc. –, verdankt sich wohl auch dem

Umstand, dass 1914 mit dem Ersten Weltkrieg und den beginnenden Krisen die Dynamik erschöpft war und die Wienerwaldhänge am Rand dieser Vororte der »unendlichen Großstadt« von Otto Wagner Grenzen gesetzt hatten. In diesen äußeren Zonen liegen auch die Villenviertel und die seit jeher beliebten Heurigenorte, mit der Straßenbahn in 25 Minuten vom Ring aus erreichbar ...

Wien ist also die »ruhige« und »kleine« Großstadt, die erst jetzt, nach »100 Jahren«, durch einen starken Bevölkerungszuwachs ihre alte Größe voraussichtlich wieder erreichen wird; in einer allerdings stadträumlich und städtebaulich noch ziemlich offenen Form, die selbst die inneren Stadtgebiete durch Verdichtung, Abbruch und Neubau sowie subalterne Dachaufbauten etc. gefährden könnte. Hatte es bisher geheißen: »Wien bleibt Wien – eine gefährliche Drohung«, so könnte man in Zukunft vielleicht sagen: »Wien bleibt nicht Wien – eine ebenso gefährliche Drohung«.

Kleine Katastrophen

Eine der großen Qualitäten der Stadt ist ohne Zweifel die durchgängige und durchlässige Raumstruktur des gesamten dicht bebauten Stadtgebietes. Der Großteil dieser »banalen« Stadtgebiete war bisher für das Image von Wien und für den Städtetourismus nicht von Interesse. Heute kann man sagen, dass dieser offene Stadtraum ohne allzu große sozio-ökonomische Bruchlinien, ohne Verwahrlosungen oder Slums ein idealer Raum für die kleinteiligen Entwicklungen der informellen Ökonomien, Creative Industries sowie für die allgemeine Lebensqualität einer Stadt der kurzen Wege sein könnte, wie es schon heute in einigen Szene-Vierteln und im Umkreis von Märkten mit neuer Attraktivität der Fall ist. Solche Abseits-Lagen haben inzwischen auch für einen subtileren Second-Order-Tourismus an Bedeutung gewonnen; sie werden in der Art eines »inneren Tourismus« von der Wiener Bevölkerung gerne aufgesucht.

Dass man jedenfalls dieses »dichte Wien« zu Fuß in allen Richtungen durchqueren kann und immer wieder neue, überraschende Raumsituationen, Plätze, Grünflächen, Lokale und auch Ausnahmen vom rechtwinkligen Straßen- und Baublock-Raster der Gründerzeit findet, sind Qualitäten, die man erst allmählich zu schätzen lernt.

Allerdings wurde durch Veränderungen der Betriebsstrukturen (Absterben kleiner Produktionsstätten in den Wiener Vorstädten), Konzentration des Handels und Untergang der kleinen Läden der täglichen Versorgung, aber auch der Geschäfte für den gehobenen täglichen Bedarf die »urbane Substanz« der normalen Stadtviertel beträchtlich ausgedünnt. Solche Einrichtungen lassen sich nicht administrativ verfügen und auch nur sehr bedingt fördern: Entscheidender ist, im Zuge von Umbauten und Neubauten die Potenziale der Erdgeschosszonen und die Möglichkeiten zu einer künftigen neuen Nutzungsmischung nicht durch Garagen, Erdgeschosswohnungen, zu geringe Raumhöhen und unsägliche Beton- und Plattenbauweisen zu versperren.

In vielen Teilen dieser dicht bebauten Stadtgebiete ist immer noch der großflächige, normale oder »banale« Historismus die stadträumlich-semiotisch am stärksten wirksame Qualität und Besonderheit von Wien: und zwar nicht nur im Rahmen des international relevanten Wien-Bildes, vielmehr auch in der Wahrnehmbarkeit, Orientierung und Identität aus inner-wienerischer Perspektive. Da diese Zonen aber überwiegend außerhalb von Denkmalschutz oder Schutzzonen liegen, wird ein neuer planerischer Umgang mit den Qualitäten und Defiziten dieser Bau- und Raumformen erforderlich sein.
Dies betrifft im Besonderen die zahlreichen, zunächst oft unauffälligen kleinen baulich-räumlichen Sonderformen (Unregelmäßigkeiten des Straßenverlaufs, Rücksprünge, kleine informelle Platzbildungen, unterschiedliche Bauhöhen, durch Abwanderung von Betrieben freigewordene kleine Parzellen mit Baumbestand etc.): Die Einebnung aller dieser »Ausnahmen ohne Regel«[1] im Zuge von Nachverdichtung, Aufzonungen und Aufstockungen, Forcierung einheitlicher Traufhöhen etc. wäre insofern eine kleine stadträumliche Katastrophe, als in Wien Katastrophen mit Vorliebe klein sind.

Und die Vorstellung, dass in Wien moderne Akzente zu schwach vertreten sind, ist zwar nicht ganz falsch, wird aber zumeist falsch verstanden oder für »Neues aller Art« instrumentalisiert.

---

[1] Rudolf Kohoutek, Gottfried Pirhofer: *Vienna is almost alright. Entwicklungsdynamiken und neue Interventionen im dicht bebauten Stadtgebiet*, im Auftrag der Magistratsabteilung 21A, Wien 2013

Das Erfolgsmodell der »sanften Wiener Stadterneuerung« muss angesichts des Drucks durch Bevölkerungswachstum in Hinblick auf die stadträumlichen Qualitäten teilweise neu justiert werden.

Raumfiguren des Zentrums, der Vorstadt und der Mittelstadt

Was die sichtbare Oberfläche der Stadt betrifft, gibt es mindestens zwei Prospekte: die bekannten Bilder des »Zentrums«, zu denen auch Schönbrunn, der Prater, der Heurige, der Narrenturm oder der »Friedhof der Namenlosen« gehören und jene endlose Großstadt, die täglich von uns allen benützt und dabei übersehen wird.

Das Zentrum: Das sind die großen öffentlichen Bauten, Kirchen, Palais, die Hofburg. Hier findet sich eine große Anzahl reizvoller räumlicher Sondersituationen. Städtischer Alltag auf Augenhöhe sind aber vor allem die Auslagen und Aufschriften der Geschäfte und die eingestreuten Lokale.

Teilweise sind noch die alten Portale des 19. Jahrhunderts erhalten, unterbrochen von den Resten barocker und klassizistischer Sockelzonen. Das 20. Jahrhundert ist in den Erdgeschosszonen des Zentrums nur in den Geschäftsportalen und Gaststätten angekommen. Die winzigen Portale von Adolf Loos (Loos-Bar, Herrenschneider Knize) hätten eine andere Wiener Moderne eröffnet, wenn nicht zwei Weltkriege und Wirtschaftskrisen dazwischen gekommen wären. Seit den 1960er Jahren haben nur noch wenige wie Hans Hollein und Hermann Czech gegenüber dem Mainstream neue Akzente gesetzt, die für sich genommen viel von dem ausdrücken, was als »typisch Wien« gelten kann: ein hybrides Spiel mit der Moderne bei Hans Hollein und eine ironische Wiener Zurückhaltung gegenüber der schematischen Moderne bei Hermann Czech.

Die eigentliche Fassade von Wien fängt – wie das tägliche Leben – außerhalb der Ringstraße an, mit endlosen Abstufungen einer nur mäßig metropolitanen Durchschnittlichkeit, von der auch viele für das Buch ausgewählte Fotografien Zeugnis ablegen.

Jede Großstadt hat ihre vorstädtischen bis ländlichen Elemente, aber nur wenige europäische Großstädte haben diese so stark bewahrt wie Wien. Eher wird ein Chinese wienerisch reden, als ein Wiener jemals chinesisch. Mit dem Terminus »zentrale Vorstadt« haben wir[2] jenen Wien-spezifischen Umstand bezeichnet, dass durch die Erhaltung alter Raum- und Baustrukturen – sowie als dauerhafter Effekt des ehemaligen Leerraums des Glacis – wenige Meter von der Ringstraße, also dem »Zentrum« entfernt quasi vorstädtische Atmosphären anzutreffen sind. Dadurch ergibt sich aber auch eine doppelte oder dreifache Empfindlichkeit: hohe Grundrenten bzw. Bodenpreise und Mieten, ein Druck in Richtung Modernisierung bzw. die Vorstellung, man müsse hier etwas »schöner« machen, was entsprechend der Erfahrung von Thomas Bernhard (fast) immer nur zum Schlechteren führen kann.

Dazu kommt, dass dieses Wiener »Vorstädtische« älter ist als die Hochgründerzeit und damit feingliedriger in den Bauformen und im Dekor. Als sensiblere historische Struktur hat dieser Raumtypus der Vorstadt nur eine begrenzte Widerstandskraft gegen Überformungen.

In seinem Gedicht »Die Ringstraße« hat der deutsche Zuwanderer Wolf Wondratschek verfügt:

Das war's, sagt die Geschichte
und gibt die letzten Befehle.
Den Pferden befiehlt sie Halt auf einem Huf,
den Lebenden, die Toten zu verscharren,
den Steinen auszuharren
in der Pose des Verschwindens.
Die Tauben befiehlt sie zurück
auf die Köpfe der Dichter.
Kehrt den Staub aller Schlachten zusammen.
Die Farben der Fahnen, schenkt sie den Kindern. [...][3]

Davon ausgehend wäre vielleicht auch ein neues Pathos der Wiener Vorstadt zu halluzinieren. Die Ästhetik dieses anonymen Wien ist noch nicht geschrieben.

[2] Ebd.
[3] Wolf Wondratschek: *Die Gedichte*, btb, München 1998, S. 533

Es herrscht ein umfangreiches »offizielles« Bild der Stadt (»Wien ist schön«), welches aber immer wieder durch politische Fragen und Subgeschichten[4] irritiert wird. Daneben existieren Wien-Bilder der verschiedenen Disziplinen: Kunstgeschichte, Geschichte der Wiener medizinischen Schule, Musikstadt Wien, Geschichte der Wasserversorgung, »Wien um 1900«, das »Rote Wien« der Zwischenkriegszeit, Wien im »Dritten Reich«, der Wiederaufbau etc.

Offen bleibt tatsächlich, was TouristInnen von Wien sehen, wenn sie weitgehend von Klischeebildern gesteuert werden. Immerhin verhindert der sternförmige Grundriss, dass sie sich in ortlosen Vierteln und orientierungslosen Ecken der Stadt verlieren. Dänische Avantgardisten führten in den 1960er Jahren Kunstinteressierte mit Bussen ins Niemandsland der Peripherie und ließen sie dort allein zurück: Programm einer Stadtverführung in die Wiener Vorstadt?

Wien hat nie ein zweites oder drittes Zentrum entwickelt, so dass auch die jüngeren kulturellen Zentralanstalten lieber im Umfeld der Ringstraße verbleiben, wie das an den Karlsplatz gerückte Stadtkino, das erweiterte Wien Museum, das Museum moderner Kunst im Museumsquartier.

An dieser Stelle ist allerdings der etwas ungenaue Umgang mit dem Topos »Vorstadt« zu ergänzen bzw. zu differenzieren. Zwischen der Ringstraße und der atmosphärischen Vorstadt gibt es – innerhalb und außerhalb des Gürtels – auch den Raumtypus einer »mittleren Urbanität«. Dieser Typus ist schwieriger zu fassen, als das Zentrum, die Vorstadt oder die Peripherie. Dabei handelt es sich weniger um »Gebiete«, als um kleine zentrumslose lokale Knoten, kurze Sequenzen einer unauffälligen Urbanität. Beispiele wären die Alser Straße auf der Höhe Spitalgasse / Kochgasse / Skodagasse, der Elterleinplatz oder Margaretenplatz, Teile der äußeren Währinger Straße, das Vorfeld des Franz-Josefs-Bahnhofs, der Wallensteinplatz, die Kreuzung Rennweg / Ungargasse, die Taborstraße oder die äußere Mariahilfer Straße. Aber auch diese Urbanitäten sind – gemessen an jedem beliebigen Pariser Boulevard – deutlich metropolitan unterversorgt: Ein echtes Wiener Kaffeehaus wird man hier ebenso vergeblich suchen wie eine Brasserie – oder deren Umwandlung in ein Fast-Food-Lokal zur Kenntnis nehmen müssen.

---

4 \ Im Sinne von Peter Weibel: »Was ist und was soll eine Subgeschichte des Films?« in: Hans Scheugel, Ernst Schmidt jr.: *Eine Subgeschichte des Films. Lexikon des Avantgarde-, Experimental- und Undergroundfilms*, Bd. 2, Suhrkamp, Frankfurt/M. 1974, S. 12–27

Als fixe Idee gehören zur Großstadt nun einmal Boulevards, Avenuen und Bahnhofstraßen. Wenn man von der Ringstraße absieht, die eine höchst reizvolle und einmalige Spielart des öffentlichen Raums darstellt, hat Wien keine Boulevards oder Avenuen und auch keine Bahnhofstraße, was neben der mittleren Größe im Vergleich zu Paris, London, New York – und ein bisschen auch neben Berlin – schlicht damit zusammenhängt, dass in der Wiener Gründerzeit zwar auch alte Häuserreihen abgerissen und mit zurückgesetzter Baulinie neue Häuser errichtet wurden, was bestenfalls eine Favoritenstraße, Währinger Straße, Landstraßer Hauptstraße oder Mariahilfer Straße hervorbrachte, aber noch lange keinen Boulevard, keine Achse und auch keine »echte« Bahnhofstraße.

Wiener Hybridität: ein enges Nebeneinander völlig unterschiedlicher, aus verschiedenen Zeiten und Stilen stammender Baulichkeiten und Raumtypen, das sich dort am stärksten entfalten kann, wo kein – oder nur ein schwaches – übergeordnetes städtebauliches Konzept vorhanden ist, bzw. wo die auf engem Raum überlagerten Zeitschichten weder vereinheitlicht noch bestimmte Bausubstanz eliminiert wurden. – Dies trifft für viele der reizvollen Konstellationen der sogenannten Vorstadt wie der »mittleren Stadt« zu.

Das dicht bebaute Wiener Stadtgebiet hat die paradoxe Eigenschaft des Nebeneinander von »hoher Robustheit« und »beträchtlicher Fragilität«, was die subtileren stadträumlichen, stadtstrukturellen, mikro-ökonomischen und sozio-kulturellen Qualitäten dieser Teilräume betrifft.

Sehr spezifisch wienerisch sind auch die großartigen Wohnhausanlagen der Gemeinde Wien aus der Zwischenkriegszeit von zum Teil prominenten Architektinnen und Architekten. Ästhetisch machte die Stadt die programmatischen Verheißungen der Moderne hier nicht mit, was umgehend von deren ausländischen Repräsentanten zu Unrecht kritisiert wurde. Viele dieser sogenannten »Roten Burgen« sind beinahe Vorläufer der Postmoderne in der Architektur: Mischungen von Bögen, Säulen, expressiven Fassadengliederungen und völlig neuartigen sozialen Einrichtungen in den Erdgeschosszonen und den großen, grünen Innenhöfen.

Westen Osten Norden Süden

Wien war schon seit jeher eine Art Kreuzungspunkt zwischen den Himmelsrichtungen, ein Entwurf zu Mitteleuropa, der sich die längste Zeit nicht zwischen Ost und West, Süd und Nord entscheiden konnte bzw. musste. Benennungen wie Brückenkopf oder Schmelztiegel waren indessen zu allen Zeiten deutlich überzogen. Vor allem gegenüber London und Paris war diese Stadt immer im Rückstand. Immer eher kunstgewerblich als großindustriell. Mehr feudal-bürokratisch als bürgerlich. Dafür aber seit den 1920er Jahren auch deutlich sozialer.

Vom Osten aus gesehen erscheint der Westen immer westlich – und umgekehrt: Daniela Strigl erzählt, wie Aleksandar Tišma 1961 »auf seiner ersten Reise aus Titos Jugoslawien« in den Westen erwartungsvoll nach Wien kam, »wo ich indes den Westen nicht fand«, wie er in seinem Tagebuch notierte.[5]

Beim Vergleich von Fotografien von Wien mit denen anderer europäischer Städte könnte man tatsächlich auf die Idee kommen, im Wiener Stadtbild Spuren von südlichen, nördlichen, westlichen und östlichen Motiven aus Europa wahrzunehmen: ein Wiener Stadtmusterkatalog, in dem sich in Andeutungen Pariser urbane Zeichen mit den um einiges »schwereren« osteuropäischen Konstellationen mischen und man von zwar seltenen norddeutschen oder skandinavischen Anmutungen eines Ortes oder eines Details unversehens um die Ecke zu Ahnungen von mediterranem Glück übergehen könnte.

Wien scheint im europäischen/internationalen Universum der psycho-kulturellen Bilder und Stimmungen einen ganz bestimmten Raum einzunehmen: In einem »modernen« US-amerikanischen Roman taucht es unvermittelt auf:

»Einmal, als ich ein Mädchen war, sah ich einen
Film über Musik in Wien, mit dem Titel Liebeslied.
Alles, an das ich mich von diesem Film erinnere, ist,
dass alle abwechselnd Klavier gespielt haben.«[6]

---

[5] Aleksandar Tišma zit. in: Daniela Strigl: »›stadt im fetten walfischbauch‹ – Wien-Bilder in der zeitgenössischen Literatur« in: Monika Sommer, Marcus Gräser, Ursula Prutsch (Hg.): *Imaging Vienna. Innensichten, Außensichten, Stadterzählungen*, Turia+Kant, Wien 2006, S.127

[6] David Markson: *Wittgensteins Mätresse*, Berlin Verlag, Berlin 2013, S.154

[7] Federico García Lorca: »Kleiner Wiener Walzer«, zit. in: Hans Ulrich Gumbrecht: *Präsenz*, Suhrkamp, Berlin 2012, S.328

Dunkler und vexierbildhaft ist Wien bei Federico García Lorca abgetönt:

In Wien gibt es einige Spiegel,
drin dein Mund und die Echos spielen.
Es gibt einen Tod für Piano,
Ich werde in Wien mit dir tanzen.[7]

Wiener Klischees können wie ein leichter Ausschlag oder wie ein Umhang fast alles überziehen, bilden hübsche Blumenmuster oder liebenswürdige Falschheiten: »Traum und Wirklichkeit«[8]. Wien ist aber auch ein Anti-Semiotikum gegen simple Linearitäten und scheinhafte Kausalitäten: *Wienerisches* gegen deutsche Deduktion, anglo-saxonische Pragmatik, französische Eleganz oder mit Zurückhaltung gepaarte japanische Beflissenheit?

Vermutlich muss für Wien erst die »Wissenschaft von den Begleitumständen«[9] weiter ausgebaut werden – oder eine Wiener Linguistik der »variablen oder fakultativen Regeln«, eher im Sinne von William Labov[10] als von Noam Chomsky's »Sprache und Verantwortung«?

»Es gibt keine mögliche *Lesbarkeit* der Welt ohne dass man sich darum bemühte, ihre Bilder – auch und gerade jenseits der Begriffe – zu begreifen.«[11]

Heurigenmusik und Wiener Elektronik

Wenn man nicht locker lassen und entgegen jeder Vernunft versuchen wollte, etwas ganz typisch Wienerisches zu identifizieren, wäre es wohl immer wieder die Musik.

Der große Musiker Nikolaus Harnoncourt formulierte lapidar: »Schubert kann nur österreichisch sein und seine Musik spricht Wiener Dialekt.«[12] Und weiter: »Ich finde Wien eine einmalige und sehr ungewöhnliche Stadt. [...] Jeder Wiener kommt eigentlich von irgendwo anders her. [...] Der Wiener will den Anschein erwecken, sehr viel Herz und Gefühl zu haben. In Wirklichkeit

---

8 \ Ausstellung »Traum und Wirklichkeit 1870–1930«, Künstlerhaus Wien, 1985
9 \ Ilya Prigogine et al.: *Anfänge,* Merve, Berlin 1991, S. 11 f
10 \ Gilles Deleuze, Félix Guattari: *Tausend Plateaus: Kapitalismus und Schizophrenie,* Merve, Berlin 1997, S. 130 ff und S. 134 Fußnote 24.
11 \ Hans Blumenberg: *Paradigmen zu einer Metaphorologie* und ders: *Die Lesbarkeit der Welt,* zit. in: Georges Didi-Huberman: *Remontagen,* Wilhelm Fink, Paderborn 2014, S. 214
12 \ Nikolaus Harnoncourt: *»Töne sind höhere Worte«. Gespräche über romantische Musik,* Hg. Johanna Fürstauer, Residenz, Salzburg 2007, S. 320

aber hat er sehr viele Widerhaken und auch sehr viele grausame Seiten. Das macht ihn unheimlich spannend. Und hinter all dem steht eine Melodie, ein Rhythmus, auch ein Sprachrhythmus, den es nirgends sonst auf der Welt gibt und der von jeher eine magische Anziehungskraft auf die Komponisten gehabt hat. Also: Mozart hätte in jeder anderen Stadt Europas leben können – und sogar besser leben können –, aber er mußte in Wien leben, weil das der einzige Ort war, an dem die ganze Umgebung auf ihn inspirierend wirkte. Ein Beethoven wäre kein großer Komponist geworden, wenn er in Bonn geblieben wäre; ein Brahms, der nebenbei bemerkt sehr befreundet war mit Johann Strauß [...] wäre in Hamburg nie dieser große Brahms geworden. Aber nicht, weil die Wiener so freundlich wären, sondern weil sie in ihrer Freundlichkeit und Gemeinheit unglaublich inspirierend wirken. Wenn ich mitten in der Nacht einen Ton von Strauß höre, dann höre ich Wien, den Wiener. Wenn ich mitten in der Nacht einen Ton von Schubert höre, höre ich Wien, und wenn ich mitten in der Nacht einen Ton von Alban Berg höre, höre ich Wien.«[13]

Dieser »Sound of Vienna« ist aber auch immer noch in der beim Heurigen gespielten Musik auf irgendeine Art und Weise präsent – in Innenhöfen, die häufig im gleichen »Kaisergelb« wie das Schloss Schönbrunn gestrichen sind.

Mit einem Selbstbewusstsein, an das auch hartgesottene Drogenkonsumenten kaum herankommen, singt Kurt Girk, ein führender Exponent der Wiener Volksmusik: »Wer ned singt, der hod kaa Herz im Leib / wer ned trinkt, der hod an schwochn Verstaund«.[14]

Unglaublich die »Lanner-Musik«, die Stimmbildung (hohe Stimmen, Tremolo) in der Heurigenmusik. Was Harnoncourt über Wien und die Wiener Musiktradition sagt, die Besonderheiten der Wiener Avantgarden (1955 bis 1970), Qualtinger, Falco. Alles viel enger und konzentrierter als in anderen – allerdings etwas größeren – europäischen Metropolen: Musik, Literatur, Philosophie, aber dann vor allem Sigmund Freud. Es passt im Grunde nichts zusammen, und dann passt doch wieder alles zusammen: das Unbewusste, die Sachertorte, Schubert und die Donauwellen ...

In zarten, ländlich wirkenden Stimmungen, in slawisch-ländlichen Dehnungen der Wiener Volksmusik steckt ein Wissen und zugleich ein Nicht-Wissen-Wollen. Die Melancholie wird reflektiert. Rettung ist Liebe, Wein, Gemütlichkeit.

---

[13] Ebd., S. 356
[14] Kurt Girk Trio: Küssen Singen Trinken, CD, Fischrecords, 2010, auch als Beilage zum Buch: Elke Atzler, Stephan Mussik, Ernst Weber: *Es is a oide Gschicht, a Herz so leicht zerbricht; Kurt Girk*, Edition Lammerhuber, Baden 2015 (Amüsant vielleicht auch, dass der »Wiener Wein« auf die Römer zurückgeht, für die hierzulande Weinproduktion ein lukratives Geschäft war: So sehr liebten die Germanen als Hauptabnehmer den Wein.)

In der Wiener Volks- und Heurigenmusik wird das Bewusstsein der eigenen, relativen gesellschaftlichen Bedeutungslosigkeit fröhlich-resigniert und zugleich selbstbewusst ausgestellt. (Insofern deutlich un-politisch, Kompensation von Ohnmacht und Resignation?)

Die Lieder halluzinieren eine Zusammengehörigkeit, Gemeinsamkeit, das praktische Überleben und die kleinen Fluchtlinien. Musik wissender Untertanen in einem feudalen, bürokratischen System, dessen Schwächen von unten immer schon durchschaut wurden. Tremolo von Machtlosigkeit und Weisheit, das gelegentlich auch in einem Jodler ausrutscht. Ausflüge in die Kopfstimme als Folie des Begehrens, zugleich Zartheit und Kraft.

Diese Wiener Stimmung – der Lieder – ist das klare Bewusstsein, dass nicht geholfen wird / dass dem nicht zu helfen ist. Die Wiener Volksmusik behält den Duktus der gesprochenen Sprache bei. »Die Stimme war in der Musik schon immer eine bevorzugte Experimentalachse, die zugleich mit der Sprache und dem Klang spielt.«[15]

Die Atmosphäre der Vorstadt kennt ein kontinuierliches, leichtes Auf und Ab. Euphorien werden durch Realität gedämpft. Diese Wiener Musik ist eine Geheimsprache, die als Populärmusik besonders unauffällig (wenn das kein Widerspruch in sich ist!) daherkommt. Architektonisch gesprochen eher Rücksprünge und Höfe als Säulen und Bögen.[16]

Wienerisch ist eine Geheimsprache. Amerikaner kann man werden, Wiener nicht. Wenn hochdeutsch auf Wienerisch gesprochen wird, von Qualtinger, Girk oder Falco, schwingt das deutliche Bewusstsein mit, dass ein exaktes Hochdeutsch alles verfälschen würde. »Und« stellt jedes »ist« in Frage.[17]

Wenn Kurt Girk das nächste Lied ansagt, klingt ein zurückgenommener Stolz in der Stimme (man würde heute sagen: cool). Wissen, dass aus ohnmächtiger Position wahr gesprochen wird. Der subtilste Tonfall in einer selbstbewussten Zurücknahme: »Wir spielen das wunderschöne *[leicht betont]* Lied von ...«

Wenn Heurigen-SängerInnen ihre Stimme erheben: aus einem gefühlten Wissen heraus. Es ist ein Nachhause-Kommen oder ein Sich-Beruhigen, wie wenn Kinder im Dunkeln singen, um sich weniger zu fürchten. Im Wienerlied wird nie fortgegangen, aber ganz kommt man hier auch nie an. Bausteine zu einer Theorie von Wien.

---

15 \ Deleuze, Guattari a.a.O., S. 134
16 \ Die Wohnhausanlagen des »Roten Wien« der Zwischenkriegszeit konnten diese Motive noch zu einer neuen, selbstbewussten und zugleich fast postmodernen Wiener Ästhetik integrieren.
17 \ Deleuze, Guattari a.a.O., S. 137

Im Wienerlied wird nie behauptet, dass es *die* Stadt, *den* Raum, *die* Menschen oder *das* Andere gibt. Bescheidenheit? Klugheit? Improvisation. Unfähigkeit oder Unwilligkeit zur Abstraktion. Auch »die Ausländer« sind eine jüngere, bekanntlich fragwürdige Idee. Die Wiener Walzer drehen sich immer weiter, öffnen oder erweitern Räume in einem Gleiten, während die Pariser Valses Musettes sich wie eine Spindel schnell auf der Stelle drehen, allerdings leicht Polka-artig skandiert.

Wiederum spezifisch Wienerisch hatte sich – jenseits von Schubert, Walzer, Operette, Schönberg, Heurigenmusik und Falco – ab Mitte der 1990er Jahre »Vienna Electronic« manifestiert: in den weit über Österreich hinaus verbreiteten Formationen der DJ's und Produzenten Kruder & Dorfmeister und Pulsinger / Tunakan, eingebettet in ein ganzes Spektrum neuer elektronischer Musik zwischen Techno, Dance-Floor und Avantgarde. Wiener Clubs wie Flex, Rhiz, Fluc oder Soul Seduction waren ebenso in Berlin, London und Detroit bekannt und anerkannt. Und aktuell sind es wieder Gruppen, die zum Teil auf Basis des »Wiener Schmähs« weit über Wien hinaus erfolgreich sind: Bilderbuch, Wanda oder Der Nino aus Wien.
Nicht nur die Deutschen sind entzückt.

Wie also ist Wien?

»Einen Text interpretieren heißt nicht, ihm einen (mehr oder weniger begründeten, mehr oder weniger freien) Sinn geben, heißt vielmehr abschätzen, aus welchem Pluralem er gebildet ist.« Dieses Programm von Roland Barthes lässt sich ohne weiteres auch auf die Stadt beziehen.[18]

---

[18] \ Roland Barthes: *S/Z*, Suhrkamp, Frankfurt/M. 1976, S. 9

Literatur

Aragon, Louis:
Der Pariser Bauer,
Suhrkamp, Frankfurt/M. 1996

Barthes, Roland:
Das Neutrum. Vorlesung am Collège de France 1977-1978,
Suhrkamp, Frankfurt/M. 2005

Benjamin, Walter:
»Der Sürrealismus. Die letzte Momentaufnahme der europäischen Intelligenz«, in: Ders.: *Gesammelte Schriften* Band II-1, Suhrkamp, Frankfurt/M. 1980, S. 295-310

Blumenberg, Hans:
»Die essentielle Vieldeutigkeit des ästhetischen Gegenstandes« (1966), in: Ders.: *Ästhetische und metaphorologische Schriften*, Suhrkamp, Frankfurt/M. 2001, S. 112-118

Blumenberg, Hans:
Theorie der Unbegrifflichkeit,
Suhrkamp, Frankfurt/M. 2007

Clerc, Thomas:
Paris, musée du XXIe siècle. Le dixième arrondissement,
Gallimard, Paris 2007

Didi-Huberman, Georges:
Was wir sehen blickt uns an. Zur Metapsychologie des Bildes,
Wilhelm Fink, München 1999

Diederichsen, Diedrich:
Der lange Weg nach Mitte. Der Sound und die Stadt,
Kiepenheuer & Witsch, Köln 1999

Diederichsen, Diedrich:
Über Pop-Musik,
Kiepenheuer & Witsch, Köln 2014

Duras, Marguerite:
Die Verzückung der Lol V. Stein,
Suhrkamp, Frankfurt/M. 1984

Goetz, Rainald:
Abfall für alle. Roman eines Jahres,
Suhrkamp, Frankfurt/M. 1999

Hauser, Susanne / Kamleithner, Christa / Meyer, Roland (Hg):
Architekturwissen: Grundlagentexte aus den Kulturwissenschaften (2 Bände),
transcript, Bielefeld 2013

Krauss, Rosalind E.:
Das optische Unbewusste,
Philo Fine Arts, Hamburg 2011

Kristeva, Julia:
Die Revolution der poetischen Sprache,
Suhrkamp, Frankfurt/M. 1978

Latour, Bruno:
Existenzweisen. Eine Anthropologie der Modernen,
Suhrkamp, Berlin 2014

Müller, Heiner:
Traumtexte,
Hg. v. Gerhard Ahrens,
Suhrkamp, Frankfurt/M. 2009

Rebentisch, Juliane:
Die Kunst der Freiheit. Zur Dialektik demokratischer Existenz,
Suhrkamp, Berlin 2012

Sontag, Susan:
»Against Interpretation«, in: Dies.: *Kunst und Antikunst - 24 literarische Analysen*,
Carl Hanser, München 1998

Stein, Gertrude:
Paris Frankreich,
Suhrkamp, Frankfurt/M. 1986

Stierle, Karlheinz:
Der Mythos von Paris. Zeichen und Bewußtsein der Stadt,
Hanser, München 1993

Vogl, Joseph:
Kalkül und Leidenschaft. Poetik des ökonomischen Menschen,
sequenzia, München 2002

Wall, Jeff:
Szenarien im Bildraum der Wirklichkeit - Essays und Interviews,
Philo Fine Arts, Hamburg 2008

Zerilli, Linda M.G.:
Feminismus und der Abgrund der Freiheit,
Turia+Kant, Berlin/Wien 2010

Biografie

Rudolf Kohoutek, geb. 1941 in Wien – lebt und arbeitet in Wien. Studium Architektur an der Technischen Hochschule und Geografie an der Universität Wien. 1962–1970: Arbeit in Architekturbüros u.a. bei Max Bill, Ottokar Uhl, Hans Hollein. 1970–1971: Chefredakteur der Architekturzeitschrift *Bau*, Wien.

Seit 1972 freiberufliche Forschung und Beratung für öffentliche und private Institutionen (in wechselnden Kooperationen): Wohnungsmarkt, Wohnqualität und Wohnkultur, Alltagsleben, Geschichte des bürgerlichen Wohnens; Stadtentwicklung, Stadterneuerung und Stadterweiterung, Städtebau, Stadtgestaltung, Planungsinstrumente, kooperative Planungsprozesse, temporäre Nutzungen; Evaluierungen, Baukultur, Kultur- und Architekturforschung, Architektur-Avantgarde. 1980–1993: Ausbildung und Praxis in biodynamischer Psychologie und Körper-Psychotherapie.

Mitbegründer des »Stadtverein – Gesellschaft für urbane Initiativen«, einer Diskussions- und Aktionsgruppe für Stadtentwicklung; seit 1994 Herausgeber eines Newsletters. Vortrags-, Lehr- und Beiratstätigkeit, Autor und Co-Autor zahlreicher Publikationen und Studien.

Dieses Buch wäre nicht entstanden ohne den Austausch mit und ohne die Unterstützung und Begleitung von (in alphabetischer Reihenfolge) Dieter Bandhauer, Johannes Faber, Bernadette Grubner, Walter Pamminger, Gottfried Pirhofer, Heidi Pretterhofer und Ulrich Weinzierl. Ihnen gilt mein Dank ebenso wie Eva Guttmann und Margit Steidl für ihr Vertrauen und ihre Hilfe im Prozess der Umsetzung.

Impressum

Texte und Fotografien
Rudolf Kohoutek

Lektorat
Eva Guttmann

Gestaltung
Margit Steidl

Lithografie
Croce & Wir

Druck
Ueberreuter Print

© 2016 Rudolf Kohoutek, Wien, und Park Books, Zürich

Park Books AG
Niederdorfstrasse 54
8001 Zürich
Schweiz
www.park-books.com

Gedruckt auf FSC-zertifiziertem Papier und nach den Richtlinien des österreichischen Umweltzeichens produziert. Die verwendeten Papiere sind Munken Lynx 120g/m² und Peydur lissé 125g/m².

Alle Rechte vorbehalten; kein Teil dieses Werks darf in irgendeiner Form ohne vorherige schriftliche Genehmigung des Verlags reproduziert oder unter Verwendung elektronischer Systeme verarbeitet, vervielfältigt oder verbreitet werden.

ISBN 978-3-03860-031-2

Mit Unterstützung von

RD Foundation Vienna
Research | Development | Human Rights
Gemeinnützige Privatstiftung

BUNDESKANZLERAMT ▪ ÖSTERREICH